高沢修一 著

事業承継の会計と税務

―わが国の事業承継に関する研究―

東京 森山書店 発行

序　文

　事業承継は，相続人の地位を占める事業承継者が被相続人である企業経営者から経営権を承継することであり，物的承継と人的承継という二つの側面を有する。

　従来，事業承継は，中小の非公開会社を主たる対象として，株式および土地を主体とする物的承継上の問題点として捉えられていた。しかし，社会経済環境の変化に伴い M & A（merger & acquisition）への対抗策として MBO（management buyout）による事業承継手法が注目を浴びるようになってきた。このため，公開会社においても経営課題として取り上げられるようになってきたのである。

　また，平成 13（2001）年の経済産業省中小企業庁・事業承継・第二創業研究会の調査結果によれば，「後継者不在による廃業は 35.9％を占める」と報告されており，事業承継者の確保においても人的承継の重要性が指摘できる。

　本書では，事業承継に関して生起している多面的な問題に対して，主として資産評価と課税システムの観点から論究し，併せてもう一つの側面である人的承継について，これが今後の重要課題であることから第二創業を中心として論究した。

　つまり，本書では，事業承継を巡る三つの論点として，①事業承継税制再検討の必要性，②会計制度と税体系とのシステム化，③第二創業を担う人的承継の重要性を取り上げ論究した。

　まず，事業承継税制再検討の必要性について論じた。事業承継税制は，昭和 55（1980）年，富岡幸雄座長の下で中小企業承継税制問題研究会が結成されて脚光を浴びる。その後，この事業承継税制に対しては批判的な見解も存在するが，事業承継税制が非公開会社の事業承継に果たした役割は大きい。なぜなら

ば，非公開会社の事業承継の課税対象としては，換金性の乏しい非公開株式および土地がその多数を占めるため，事業承継税制のような税制面における優遇措置がなければ，相続税の納税負担に耐えられず廃業に追い込まれた非公開会社の数は多かったはずだからである。

　しかし，事業承継税制にまったく問題がないわけではない。例えば，以下の点で事業承継税制には不備を指摘できる。第一に，農業相続人の事業承継については，特に事業承継税制では触れられてはいないが，相続税納税猶予制度により補完される。第二に，宗教法人に関する事業承継については事業承継税制でも触れられておらず，さらに他の税制上の規定も存在しない。第三に，医療法人の事業承継については，特に事業承継税制では触れられておらず，特定医療法人を除く医療法人および個人の開業医の事業承継に関しては相続税に包括されている。

　もちろん，事業承継税制が非公開会社の事業承継に果たした役割は高く評価されるべきであるが，ひとり非公開会社ばかりではなく，世襲のケースが多くみられる農業，宗教および医業などの領域においても事業承継税制が整備されるべきである。

　次いで，会計制度と税体系のシステム化について論じた。本書では，日常取引を前提とする期間損益計算概念を前提として法人税等の算定を目的とする現行の税務会計システムに対比する存在として，人生設計にもとづく生涯損益計算概念を前提として相続税の算定を目的とする財産税務会計システムの必要性を論じた。

　一般的に，税務会計は，確定決算主義により算出された当期利益を法人税確定申告書別表四により調整し法人税の納税額の算定を行う。つまり，税務会計は，会計学と税法学という二つの相互に関連性を有する構成要素の集合として，納税義務の算出という納税義務の達成に向けて機能することによりシステムの要件を充足させている。

　しかし，非公開会社においては，法人税額の算定のみを重視する現行の税務会計システムの適用だけでは不十分である。現行の税務会計に替わる存在とし

て，法人税と相続税の算定を兼ね備えた新しい税務会計システムの整備が求められる。なぜならば，非公開会社は，企業の所有財産と経営者個人の所有財産とが混合した状態にあるため，相続人の地位を占める事業承継者は経営者の死後に相続税の納付が求められ，事業承継後に法人税等の納付に追われることになるからである。そのため，本書では，現行の所得税法，法人税および相続税により成立する「国税三法」に替えて，所得税，法人税および限定財産税による「新国税三法」の創設を提案した。

つまり，本書では，財産税務会計（富岡幸雄学説）と限定財産説（北野弘久学説）という二つの学説を前提として，新しい税務会計システムの構築を目的とした。

最後に，第二創業を担う人的承継の重要性について論じた。事業承継は，企業経営者の世代交代としてとらえるべき性格のものではなく，より積極的に第二創業の転機としてとらえるべき性格のものである。

つまり，初代の経営者から事業承継者への経営権の委譲は，創業者の経営方針の枷から解き放たれて事業構造や経営体質を転換させる第二創業の転機となる可能性を有する。

国際化の進展や産業構造の劇的な変化を伴う今日の企業経営においては，社会経済環境の変化に対応するため現状の安定に満足することなく臨機応変に経営戦略を見直し自社の経営資源を有効活用させながら新規事業を展開し新分野を開拓することが求められている。

事業承継には，既述のように，物的承継と人的承継の二つの側面が存在するが，前者は，事業承継時の納税資金の多寡や節税対策に重きを置くため事業承継における"消極的な側面"といえる。これに対して，後者は，事業承継をビジネスモデルの再構築の起点としてとらえるため"積極的な側面"といえ，この点に人的承継の重要性が窺える。

そのため，本書では，物的承継を研究の中心テーマとしながらも事業承継税制では取り扱われることのなかった人的承継の重要性についても論じることにより，事業承継論を体系化することに努めた。

本書を完成させるまでには，多くの方々にお世話になった。本書の刊行に際しては，まず恩師である鈴木一道教授（大東文化大学）に感謝を申し上げなければならない。本書は，博士学位論文をもとに修正・加筆を行ったものであるが，鈴木教授には常に親身なご指導とご鞭撻を賜ってきた。その学恩に深く感謝申し上げるとともに，今後も精進することをお誓いしたい。

　博士学位論文の審査においては，大東文化大学の天笠美知夫教授と山崎雅教教授にもひとかたならぬご指導を賜っている。特に，山崎教授のご尽力に対して，心より御礼申し上げたい。

　そして，大学院時代にご指導を賜り研究者を志すきっかけを与えて頂いた鵜沢義行名誉教授（日本大学），北野弘久名誉教授（日本大学），茂木虎雄名誉教授（立教大学），大河内暁男名誉教授（東京大学），花岡正夫名誉教授（大東文化大学）にも感謝申し上げたい。茂木教授には，研究者としての心構えをご指導頂いた。北野教授には，研究者となった現在でも多くのご指導を賜っている。

　また，税務会計学の研究者としての方向性をお示し頂いた富岡幸雄名誉教授（中央大学）にも感謝申し上げたい。本書は，富岡教授の研究成果である「事業承継税制」を研究テーマとしているため，富岡教授のご指導は本研究の大きな原動力となっている。

　著者は，日本会計研究学会，日本租税理論学会，現代税法研究会ならびに様々な研究会においても，発表報告の機会に恵まれ，数多くの先生方よりご指導を頂いた。特に，日本租税理論学会事務局長の黒川　巧教授（日本大学）には御礼申し上げたい。

　また，筆者は，大東文化大学経営学部経営学科に奉職以来，今城光英教授（副学長），井上照幸教授（経営学部長），青木幹喜教授（経営学科主任）には教員としての心構えをご指導頂いている。

　そして，先輩の松尾敏充教授や同期の山田敏之准教授を始めとする先輩・同僚の諸先生方からも親身なご指導を賜っている。この場を借りて皆様に御礼申し上げたい。

　なお，出版事情が厳しい時節にも関わらず，市場性の乏しい本書の出版を引

き受けて頂いた森山書店社長菅田直文氏，編集部長土屋貞敏氏，スタッフの方々に御礼を申し上げたい。

　本書の出版にあたっては，大東文化大学経営学会より研究成果刊行助成を受けており，同会にも厚く御礼申し上げたい。

　　　　　　　　2008年1月
　　　　　　　　　　　　　　髙　沢　修　一

目　　次

第1章　序　　論 …………………………………………………… 1

第1節　事業承継の研究意義 ……………………………………… 1
第2節　事業承継の研究方法 ……………………………………… 3
第3節　事業承継の先行研究 ……………………………………… 7
　Ⅰ　財産税務会計のシステムとしての存在意義 ………………… 7
　Ⅱ　課税システムとしての事業承継税制の変遷 ………………… 9
　Ⅲ　財産税務会計からのアプローチ ……………………………… 11
　Ⅳ　会計制度と税体系のシステム化 ……………………………… 15
小　括 ………………………………………………………………… 21

第2章　事業承継税制の概要 ……………………………………… 25

第1節　事業承継税制の理念と展開 ……………………………… 25
　Ⅰ　事業承継税制誕生までの経緯 ………………………………… 25
　Ⅱ　非公開株式の改正 ……………………………………………… 28
　Ⅲ　小規模宅地等特例制度の改正 ………………………………… 34
第2節　事業承継税制への批判と私見 …………………………… 36
　Ⅰ　事業承継税制に対する批判 …………………………………… 36
　Ⅱ　事業承継税制に対する私見 …………………………………… 37
第3節　米国税制との比較 ………………………………………… 41
　Ⅰ　連邦遺産税と連邦贈与税 ……………………………………… 41
　Ⅱ　シャウプ勧告と事業承継税制 ………………………………… 43
小　括 ………………………………………………………………… 43

第3章　事業承継手法の検討 …… 51

第1節　事業承継における自己株式の活用 …… 51
　Ⅰ　自己株式の改正 …… 51
　Ⅱ　自己株式の評価 …… 54
　Ⅲ　自己株式の物納 …… 57

第2節　事業承継における同族外への株式移動 …… 59
　Ⅰ　同族外への株式移動の税務事例 …… 59
　Ⅱ　従業員持株会の活用とDCF法 …… 61

第3節　事業承継におけるLBOと株式公開 …… 63
　Ⅰ　LBOの手順と買取価格 …… 63
　Ⅱ　株式の公開 …… 65

第4節　事業承継における不動産の運用 …… 67
　Ⅰ　小規模宅地等特例制度の活用 …… 67
　Ⅱ　借地権の設定と評価 …… 68
　Ⅲ　土地信託方式の活用 …… 70

小　　括 …… 72

第4章　事業承継税制の拡張 …… 81

第1節　事業承継税制の限界 …… 81
第2節　農業相続人の事業承継 …… 82
　Ⅰ　農家の現状 …… 82
　Ⅱ　農地の種類と資産評価 …… 83
　Ⅲ　相続税納税猶予制度に対する私見 …… 85

第3節　宗教法人の事業承継 …… 87
　Ⅰ　宗教法人の特異性 …… 87
　Ⅱ　宗教法人法における会計上の改正点 …… 89
　Ⅲ　宗教法人の課税方法に対する私見 …… 91

第4節　医療法人の事業承継 …………………………………… 95
Ⅰ　医療の現状 …………………………………………………… 95
Ⅱ　出資持分の評価 ……………………………………………… 97
Ⅲ　相続税法第66条第4項の適用 ……………………………… 98
Ⅳ　病院会計への提言 …………………………………………… 100
小　　括 …………………………………………………………… 104

第5章　人的承継の重要性 ……………………………………… 115
第1節　人的承継の現状 ………………………………………… 115
第2節　第二創業の可能性 ……………………………………… 118
小　　括 …………………………………………………………… 122

第6章　要約と結語 ……………………………………………… 125
第1節　要　　約 ………………………………………………… 125
第2節　結　　語 ………………………………………………… 127

補章　公開会社の事業承継 ……………………………………… 135
第1節　事業承継におけるMBOの重要性 …………………… 135
第2節　会社法と税制改正における種類株式 ………………… 136
Ⅰ　会社法第108条第1項の種類株式 ………………………… 136
Ⅱ　事業承継協議会中間報告の種類株式 …………………… 137
Ⅲ　平成19年度税制改正の種類株式 ………………………… 138
第3節　少数株主の権利と公正ナル価値の評価 ……………… 139
第4節　TOB実施と法人税課税ルールの明確化 …………… 140
小　　括 …………………………………………………………… 142

補足資料 …………………………………………………………… 145

参考文献 …………………………………………………………… 151

事項索引 …………………………………………………………… 157

第1章　序　　論

　第1節では，わが国の企業経営上の重要な課題の一つである事業承継の研究意義について考察する。第2節では，事業承継論を体系化することを目的として事業承継の研究方法について考察する。第3節では，事業承継について財産税務会計からのアプローチを試み，そして会計制度と税体系のシステム化について考察する。

第1節　事業承継の研究意義

　本書は，現在の事業承継の実態を把握し，この問題をとりまくわが国の税務会計制度がどのように作用しているかを検討し，その制度がいかにあるべきかを考察することを目的としている。
　事業承継は，個人事業主を含む中小の非公開同族会社（以下，「非公開会社」とする）において重要な経営課題の一つとして認識されており，国民経済の観点からも大きな問題となっている。
　例えば，経済産業省中小企業庁・事業承継・第二創業研究会（以下，「第二創業研究会」とする）が，平成13（2001）年8月に公表した「事業体の継続・発展のために　中間報告」（以下，「中間報告」とする）によれば，後継者不在による廃業は35.9％を占めるに至っている[1]。
　なお，本書では，事業承継は民法上の相続に包括されるものとし，「事業承継とは，相続人の地位を占める事業承継者が被相続人である先代の事業経営者

から事業経営を承継することである」と定義づける[2]。これにより，事業承継には，人的承継と物的承継の二つの側面があることが明らかとなる。

事業承継は，非公開会社および公開会社を問わず企業経営上の共通の経営課題であるが，一般に事業承継者の確保が難しく，経営者個人の所有財産と法人の所有財産との区分が不明確な状態が多くみられる非公開会社の企業経営にとっては特に重要な経営課題といえる。

しかし，非公開会社のなかには，事業規模，売上高，利益率および従業員数などの面において公開会社を凌駕するような企業も存在するため，本書では，第二創業研究会の調査会社を考察の対象とする[3]。

中間報告によれば，近年，わが国の非公開会社の経営者は高齢化が急速に進行している。したがって，人的承継面の経営課題として，経営者の高齢化に伴う事業承継者の確保と育成があげられる[4]。

一方，物的承継面の経営課題としては，取引相場のない株式（以下，「非公開株式」とする）および小規模宅地等特例制度（以下，「特例制度」とする）における資産評価および課税上の問題点があげられる。

非公開株式および特例制度は，昭和55（1980）年に発足した中小企業承継税制問題研究会において審議の中核を成した研究テーマでもある[5]。

ところで，わが国で事業承継を業務分野として初めて本格的に取り上げたのは金融機関であった。1970年代前半，野村投信販売のFPセンターにおいて，ファイナンシャル・プランニングの手法として事業承継が導入された。その後，1980年代に入り，資産税を専門とする会計事務所や保険代理店などにおいて相続・事業承継分野としてファイナンシャル・プランニング手法は確立していく。特に，1980年代後半から1990年代前半のバブル全盛期には，財テク・税テクの流行に押されその呼称が定着する。平成19（2007）年現在，わが国の金融機関においては，相続・事業承継分野を中心としてファイナンシャル・プランニングが積極的に導入され事業承継に対する関心は高まってきた。

また，平成13（2001）年8月には第二創業研究会において審議がなされ，そして，平成17（2005）年4月には事業承継関連法制等研究会により「事業承継

関連法制等研究会中間報告―中小企業における円滑な事業の承継をサポートする環境の整備―」を経て、平成18年（2006）年度の事業承継協議会事業承継関連会社法制等検討委員会中間報告（以下、「事業承継協議会中間報告」とする）がなされた。さらに、M＆A（merger & acquisition）による新しい事業承継の手法も登場しており、今日、事業承継問題が再び脚光を浴びている。

第2節　事業承継の研究方法

本書は、事業承継に関して次の手順により考察したい。

第一に、先行研究の成果について検討する。事業承継に関する代表的な先行研究者として、富岡幸雄をあげることができる。富岡が目標としたことは、"学問的成果の実務への反映"であり、その研究成果は事業承継税制として結実した。

富岡の研究領域は広範に及ぶが、事業承継税制の根底にあるものは財産税務会計という概念にある。この財産税務会計とは、財産税（相続税・贈与税等）に対応した会計上のシステムであり、相続財産の資産評価とそれにもとづく相続税の課税が重要な要因となる事業承継に合致した概念といえる。

第二に、事業承継税制を含む会計制度と税体系のシステム化について検討する。

現行のわが国の税制は、所得税、法人税および相続税による国税三法を中心とし直接税に依存した税体系を有するが、慢性的な税収不足によって恒常的な財政悪化を招いている。これは、法人税の納税法人が30％程度であり、相続税に至っては納税者が僅かに5％程度にしか過ぎないという点に起因する。政府は、この税収不足を消費税率の引き上げにより補おうと検討している。しかし、消費税率の引き上げを実施する前に、現行の課税制度の在り方を再検討すべきである。現行の課税制度は、必ずしも応能負担原則・超過累進税率にもとづいたものとはいえない。現行の所得税および法人税は、期間損益計算を前提とした確定決算主義を前提とするが、節税対策による所得隠しが行われた場合

には，正確な納税額を確保することが難しい。また，輸出業務を行う一部の大企業は，ゼロ税率の適用により，消費税の還付金の恩恵を享受する。

したがって，不公平税制を是正して，真の応能負担原則を実現するためには，超過累進税率にもとづいた法人税および所得税等の所得課税を主体とした直接税を中心としながらも，大企業および一定以上の資産家に対する限定財産税という直接税を整備し，その直接税の補完的存在として個別消費税を配した税体系を構築すべきである[6]。

よって，第1章第3節においては，富岡の税務会計の体系に関する学説を中心に事業承継税制を含む会計制度と税体系システムについて検証する。

第三に，事業承継税制の概要について整理する。事業承継税制は，昭和55 (1980) 年10月に，通商産業省（現経済産業省）および中小企業庁が事業承継税制導入の検討機関として富岡を座長とする中小企業承継税制問題研究会を発足させたことに端を発する。

この事業承継税制は，非公開会社の円滑な事業承継を目的としており，そのため物的承継の際に重要な位置を占める非公開株式と特例制度を中核とする税制である。

小規模なものを除くと，非公開株式は，昭和58 (1983) 年度，平成2 (1990) 年度，平成6 (1994) 年度，平成12 (2000) 年度，平成16 (2004) 年度，平成18 (2006) 年度に税制改正が実施され，同様に，特例制度は，昭和63 (1988) 年度，平成4 (1992) 年度，平成11 (1999) 年度，平成13 (2001) 年度に税制改正が実施された。

なお，非公開株式および特例制度の税制改正については，本書の第2章第1節において述べる。

このように事業承継税制は，たび重なる税制改正を経て漸次整備されてきたが，創設から20数年を経た現在においてもその創設の主旨を喪失することなく実務上重要な役割を果たしている。この点から事業承継問題が企業経営に占める重要性について窺い知ることができる。

しかし，この事業承継税制に対しては，親の財産を一切あてにできないが事

業意欲のある若者や経営能力を有する従業員のビジネスチャンスを奪い新規ビジネスの展開を阻害するという批判的な見解も存在する[7]。これは，事業承継と事業者承継とは異なるべきだという見解であり，傾聴に値するものではあるが，実際には，非公開会社の事業承継者には息子を第一とする近親者が充てられることが多い。

例えば，中間報告によれば，調査対象会社の約73.7％が息子を事業承継者に想定しており，これに子供以外の親族を含めると約78.7％という高い数値になる[8]。

この他，事業承継税制について様々な見解が存在するが，これらに対する私見は，第2章第2節において展開する。

また，わが国の戦後税制は，シャウプ（C. S. Shoup）使節団の調査と助言（以下，「シャウプ勧告」とする）とを端緒としているため，事業承継税制とシャウプ税制との関連性について検討する[9]。その際に，シャウプの母国である米国の連邦遺産税および連邦贈与税との相違点について比較検討する。

そこで，第2章においては，事業承継税制の誕生までの経緯，理念および展開について検討すると共に事業承継税制に対する批判とそれに対する私見や事業承継税制との関連性の面から米国の税制について論じる。

第四に，富岡が指標とした"学問的成果の実務への反映"を念頭において事業承継の実務的手法について論じる。

実務上，事業承継税制が企業経営に果たした役割は大きく，物的承継のアドバイザーの任を帯びることが多い税理士等の税務専門家は，節税効果の視点からこの事業承継税制を高く評価している[10]。

しかしながら，中小企業承継税制問題研究会が事業承継税制について審議を重ねていた20数年前と現在とでは，企業をとりまく社会経済環境が大きく変質しており，それに伴い非公開株式および特例制度に加えて，新しい実務的手法を検討する必要性が生じているといわざるを得ない。

実際に，平成18（2006）年度税制改正により実質一人会社の役員給与の損金算入が制限され，留保金課税制度も改正された。この改正によって特殊同族会

社からの除外適用要件を満たすためには同族外に10％超の株式移譲が求められることになり，非公開会社を取り巻く経営環境は大きく変化することが予想される。

また，経営者の高齢化に呼応し事業承継者の株式確保を目的として金融機関から買収資金を調達する方法であるLBO（leveraged buyout）が活用され，事業承継時の相続税納税資金の確保に充当させることを目的として株式を公開するケースもみられる。逆に，敵対的買収を目的とするTOB（take over bid）に対抗してMBO（management buyout）の成立により株式の非公開化を図る公開会社も現れた[11]。

よって，第3章においては，事業承継の現状を把握するために事業承継の実務面について論じる。

第五に，事業承継税制がこれまで考慮の外に置いてきた領域について補完的に検討する。

すなわち，事業承継税制が非公開会社の事業承継において果たした役割の大きさについては評価すべきであるが，画一的な相続税制を前提にして課税価格の計算において部分的な配慮を行うものに過ぎないという点については是正すべきであり，評価制度を含めて相続の態様に応ずる課税の仕組みを類型的に区別して構築すべきである[12]。

よって，事業承継税制では，触れられていない領域である農業，宗教および医業の領域について検討しなければならない。なぜならば，これらの領域は，事業の特異性や後継を担う事業承継者たる人材の確保から世襲制を採用するケースが多くみられるからである。

そこで，第4章においては，事業承継税制の拡張を目的として農業，宗教および医業の領域における事業承継時の資産評価と課税方法について論じる。

第六に，人的承継の重要性について検討する。事業承継は，既述の通り物的承継と人的承継に大別されるが，税務専門家によって事業承継問題が検討される場合には，事業承継者に対する課税面が重視され，それ故に物的承継からアプローチされることが多い。

しかし，非公開会社においては，事業の後継を担う存在である人的資源としての事業承継者の確保も重要な経営課題である[13]。

事業承継者に求められる資質は多いが，特に重要なことは企業家としての資質であり，事業承継に伴う世代交代をビジネスモデルの再構築である第二創業の起点としてとらえ，果敢にビジネスチャンスを得ようとする積極性に富んだチャレンジ精神にある。

よって，第5章においては，事業承継税制で触れられていない人的承継について第二創業の可能性を中心に論じる。

そして，第6章においては，本書を要約し，結語を述べる。すなわち本書では，現行の所得税，法人税および相続税により成立する国税三法に代えて所得税，法人税および限定相続税による新国税三法の創設を提案すると共に，課税の前提要件である会計制度と税体系のシステム化について検討したことを述べる。

なお，第1章から第6章を補うことを目的として補章を設けた。補章では，会社法等の改正点を盛り込み，公開会社の事業承継を論じた。

事業承継問題は，物的承継と人的承継の二側面に大別されるが，事業承継時の納税資金の多寡や節税対策に重点を置く物的承継は，"消極的な側面"といえる。一方，事業承継をビジネスモデルの再構築の起点としてとらえる人的承継は，"積極的な側面"といえる。

本書では，物的承継に研究の中心を据えるものの，事業承継における両輪的側面である物的承継と人的承継の二つの承継を多面的に論じることにより事業承継論を体系化することに努めた。

第3節　事業承継の先行研究

I　財産税務会計のシステムとしての存在意義

一般的に，税務会計とは，課税の公平性の確保を目的とする法人税法を中心

【図表1-1】 税体系

	課税形態	普通税・目的税の区分等	租税の分類	税目
国税		普通税	収得税	所得税・法人税
			財産税	相続税・贈与税・地価税 自動車重量税（一部地方譲与税）
			消費税	消費税・酒税・たばこ税・たばこ特別税 揮発油税・石油ガス税（一部地方譲与税） 石油石炭税・航空機燃料税（一部地方譲与税）・関税
		目的税		電源開発促進税・地方道路税（地方譲与税）・特別とん税（地方譲与税）

（出所）金子　宏『租税法〔第12版〕』弘文堂，2007年，15ページより一部抜粋引用。

とし，法人税法施行令，法人税施行規則，法人税取扱通達などによって補完された会計制度をいう。

　この通説に関して，富岡は，法人所得税（法人税）および個人所得税（所得税）などのような所得課税における課税標準である課税所得の概念構成および計測をめぐる問題を課題とする所得税務会計を税務会計の中心的テーマとしながらも，税務会計には，この他に財産税務会計および消費税務会計も存在すると述べる[14]。

　また，このような税務会計は，システムとしての存在意義を有する。例えば，財産税務会計は，会計学と税法学という二つの相互に関連性を有する構成要素の集合であり，これらは課税所得の算出とそれに付随する納税額の算出という納税義務の達成に向けて行動しておりシステムの要件を充足させている[15]。

　このことから，富岡の学説は，会計制度と税体系との連関による課税システムの構築を目指していると理解することもできる。例えば，税金は，国税と地方税に大別される。さらに，国税は，図表1-1で示すように普通税と目的税に区分され，普通税は，収得税，財産税および消費税に区分される。その結果，

税務会計システムは，収得税に対応した会計システムとして所得税務会計を，財産税に対応した会計システムとして財産税務会計を擁し，さらに，消費税に対応した会計システムとして消費税務会計を擁する[16]。

なお，会計制度と税体系のシステム化については，本書の第1章第3節Ⅳで述べる。

言うまでもなく，事業承継の研究は，財産税務会計からの考察が適している。なぜならば，事業承継は，事業承継時の課税財産上の課税価格をめぐる相続財産および遺贈財産の評価をそのよりどころとするため，税務会計の一角を成す財産税務会計の範疇に入るからである。したがって，本書は，システムとしての財産税務会計というフレームワークに立脚している。

Ⅱ 課税システムとしての事業承継税制の変遷

現行の課税システムは，昭和25（1950）年から昭和28（1953）年までに実施されたシャウプ勧告を端緒としている。なお，シャウプ勧告の内容については，『シャウプ使節団・日本税制報告書』(Report on Japanese Taxation By the Shoup Mission, September 1949) Ⅰ巻，Ⅱ巻にまとめられた。

シャウプが，わが国の税制の整備に果した役割の大きさに異議を唱える者は少ない。しかしながら，シャウプ勧告を根幹とする戦後税制の中に事業承継に対する概念を窺い知ることはできず，これを補完する税制として昭和58（1983）年に事業承継税制が誕生した。

この事業承継税制は，非公開株式と特例制度とを両輪とする。これらは，小規模なものを除くと，図表1-2で示すように税制改正された。

日本経済の根底を支える非公開会社の存在意義は大きく，その事業継続を支援することは重要な経済政策であった。このため，非公開会社の支援に重きを置く与党自由民主党（以下，「自民党」とする）の主導の下，たび重なる税制改正が試みられた。なお，この事業承継税制における改正の変遷についての詳細は，本書の第2章第1節で考察する。

しかし，これら一連の改正は，税制における抜本的な改革案とはいえず，そ

【図表1-2】 税制改正の概要

	非公開株式の改正	特例制度の改正
昭和58年度 (1983年)	・小会社において純資産価額方式と類似業種比準方式との併用が容認された。 ・類似業種の選択の範囲を拡大した。 ・類似業種比準方式と純資産価額方式との折衷割合（Lの割合）が変更された。　　　　　　　　　　　　　　　　他	
昭和63年度 (1988年)		・減額割合が200m²までの部分について事業の用に供する場合には60%の評価額が容認され、居住の用に供する場合には50%の評価減が容認された。
平成2年度 (1990年)	・純資産価額の計算方法において土地等建物を取得した場合、取引価額を3年間変更しないことになった。 ・特定の評価会社の株式評価の対象が拡大された。　　　　　　　　　　　　他	
平成4年度 (1992年)		・昭和63年度の減額割合がそれぞれ70%と60%とに拡大された。
平成6年度 (1994年)	・会社規模の判定において「大会社」の基準が変更された。 ・純資産価額方式における評価差額に対して法人税等相当額控除の不適用が導入された。 ・Lの割合が変更された。　　　　他	・平成4年度の減額割合がそれぞれ80%に拡大された。 ・特例制度の適用対象となる宅地等の範囲が拡大された。 ・相続税の申告期限である3年間を超えている未分割宅地等については特例制度の不適用対象とされた。
平成11年度 (1999年)		・特定事業用宅地等、国営事業用宅地等および特定同族会社事業用宅地等の減額対象面積が200m²から300m²に拡大された。 　　　　　　　　　　　　他
平成12年度 (2000年)	・斟酌率の割合が一律から会社規模を配慮した数値に変更になった。 ・類似業種比準方式の計算において比準要素のうち利益金額を3倍とすることに	

	より収益性の比重を重くした。	
平成13年度 (2001年)		・平成11年度の事業用宅地等の減額対象面積が300m^{2}から400m^{2}に拡大された。 ・特定居住用宅地等の減額対象面積が200m^{2}から240m^{2}に拡大された。
平成16年度 (2004年)	・同族株主の判定基準が議決権割合に変更になった。 ・非公開株式の売却益に対する所得税および住民税が26%から20%に減額された。　　　　　　　　　　他	
平成18年度 (2006年)	・物納不適用要件に該当しなければ、すべて物納適用として容認された（ただし、一定の条件が付加されている）。	
平成19年度 (2007年)	・一定の要件の下で、相続時精算課税制度の適用が容認された。　　　　他	

の場しのぎの場当たり的な様相を呈していた。現在，国家財政は，国債依存の構造を改善することができず破綻の危機も叫ばれており，そのため消費税率の引き上げについて検討されている。このような社会経済環境の下，事業承継税制を含む税体系と会計制度との相互関連的な整備が求められる。

　財政再建のためには，現行の所得税および法人税に依存した税体系から脱却し，新国税三法（所得税・法人税・限定財産税）を創設し，その新国税三法を主体とする税体系と会計制度とを連関させた課税システムを構築する必要がある[17]。

　なお，国税三法を形成する所得税，法人税および相続税の計算方法と国税三法に準じる存在である消費税の計算方法については，補足資料①②③④に載せた。

Ⅲ　財産税務会計からのアプローチ

　財産評価基本通達（以下，「評価通達」とする）185は，非公開株式の評価方

【図表1-3】 純資産価額方式の計算方法

- 1株当たりの純資産価額
  ＝｛(総資産評価額－負債金額)－(清算所得に対する法人税等相当額)｝
  ÷発行済株式総数（ただし，自己株式を除く）

- 清算所得に対する法人税等相当額
  ＝評価差益（帳簿価額と相続税評価額との差額）×実効税率（清算所得に対する法人税，事業税および住民税の税率の合計に相当する税率）

法の一つとして純資産価額方式をあげている。純資産価額方式は，図表1-3で示すように，事業承継時点で評価会社を清算したと仮定して，1株当たりの純資産価額を求める計算方式のことである。

純資産価額方式の算定では，帳簿上の価額（簿価）と通達上の価額（時価）とが異なるため，仮に相続税評価額が¥200から¥600に評価替えされた場合，図表1-4で示すように，両者の差額である含み益¥400が発生する。つまり，純資産価額方式とは，両者の差額である含み益を株式評価に反映させる評価方法のことである。分配可能額を発行済株式数（但し，自己株式を除く）により除することによって1株当たりの純資産価額が算定される。

しかし，この純資産価額方式において，企業業績は資産評価に考慮されることなく過去の含み益を資産評価に反映させるため，仮に欠損会社であっても評価額が高く算定される。

純資産価額方式は，清算所得を前提要件とする。例えば，所得税および法人税は，図表1-5で示すように一年間を会計期間とする確定決算主義にもとづいて税額を算定する税額計算であるが，一方，相続税は人生を会計期間として経営者の死亡をもって税額計算を開始していると理解できる。

もちろん，純資産価額方式が企業清算を前提としているのは，単なる計算上の便宜性を優先しているためである。しかし，事業承継は，非公開会社において企業存続を左右する重要な経営課題の一つであり，非公開会社の事業経営は，創業者のカリスマ性，営業力，資金調達能力などに依存するところが大である。

【図表1-4】 帳簿上の価額と通達上の価額の関係

取得原価主義による貸借対照表

簿価	現金預金 ¥100	借入金 ¥100
	不動産 ¥100	資本金 ¥100
	含み益 みなし清算所得 (A)	分配可能額
		みなし清算法人税額等 ※計算式 〔(A)×実効税率〕

比較 ⇔

評価通達による貸借対照表

相続税評価額	現金預金 ¥100	借入金 ¥100
		資本金 ¥100
	一定年数経過後の不動産評価額 ¥500	剰余金 ¥400

(出所) 髙沢修一「非上場会社株式の評価に関する会計的考察」『杏林大学研究報告』第21巻, 2004年, 74ページ。

このため, 創業者の死亡による企業解散も念頭に置いた場合には, 純資産価額方式が企業清算を前提とすることに妥当性を見出せる。

前述のように, 純資産価額方式は, 評価会社が課税時期に保有する各資産の相続税評価額の合計額から負債金額および清算所得に対する法人税等相当額を控除し, 当該金額を発行済株式数（但し, 自己株式を除く）で除することにより1株当たりの純資産価額を評価する計算方法である。しかし, 純資産価額方式の算定で用いる負債金額の範囲については, 実務の状況に応じて変更されることがあるため検討の余地がある。

実務上, 資本金1億円以下の会社が平成15 (2003) 年3月31日以後最初に終了する事業年度開始の時において退職給与引当金勘定の金額を有する場合, 当該会社は, 退職給与引当金残高を10年間で毎期10分の1の割合で取り崩し益金算入しなければならない。一方, 退職給与引当金勘定が設定されている場合, 純資産価額方式は, 退職給与引当金勘定を確実と認められる債務として負債金額へ算入できる。

つまり, 図表1-6で示すように経過措置とはいえ, 法人税法上は, 益金と

【図表 1-5】 損益計算と国税三法との関係

① 一年間を会計期間とした場合の所得税計算

```
  期首              期末
(×1年1/1)      (×1年12/31)          ×2年2/16            ×2年3/15
┌─────────────────┬────────────────┬────────────────────┐
│    会計期間     │                │  確定申告の納付期間  │
└─────────────────┴────────────────┴────────────────────┘
```

② 一年間を会計期間とした場合の法人税計算（3月決算のケース）

```
  期首              期末
(×1年4/1)      (×2年3/31)           ×2年5/31            ×2年6/30
┌─────────────────┬────────────────────┬────────────────┐
│    会計期間     │ 法人税の申告および納付期間 │ 申告延長の可能期間 │
└─────────────────┴────────────────────┴────────────────┘
```

③ 人生を会計期間とした場合の相続税計算

```
 人の死亡        3ケ月以内            4ケ月以内            10カ月以内
┌─────────────────┬────────────────┬────────────────────┐
│ 放棄または限定承認 │ 準確定申告の納付 │    相続税の申告     │
│   の選択期間    │     期間       │   および納付期間    │
└─────────────────┴────────────────┴────────────────────┘
```

```
┌─────────┐       ┌─────────┐       ┌─────────┐
│ インプット │ ────→ │ スループット │ ────→ │ アウトプット │
└─────────┘       └─────────┘       └─────────┘

一年間を会計期間      所得税法に拠る          所得税額の申告
とするデータ    ───→ 税額計算       ───→  および納付

                   法人税法に拠る          法人税額の申告
                   税額計算       ───→  および納付

人生を会計期間と     相続税法に拠る          相続税額の申告
するデータ     ───→ 税額計算       ───→  および納付
```

（出所）髙沢修一「非上場会社株式の評価に関する会計的考察」『杏林大学研究報告』第 21 巻，2004 年，75 ページより一部引用。

して法人税法上の課税対象にあげながら，相続税法上は，負債金額として控除対象とすることについて整合性の面で矛盾点を指摘できる。

　この場合，前者は，一般的な期間損益計算を前提とした所得税務会計からのアプローチによる計算方法であり，後者は，相続時を人生の終焉における負債

【図表 1-6】 退職給与引当金の取り扱い

● 所得税務会計からのアプローチ
法人税法上 ⇒ 法人税法の計算においては,「益金」として課題対象となる。
● 財産税務会計からのアプローチ
相続税法上 ⇒ 相続税法の計算においては,「負債金額」として控除対象となる。

(注) ただし,資本金1億円以下の会社を対象とした経過措置である。

の清算と捉え,人生＝生涯損益計算を前提とした財産税務会計からのアプローチによる計算方法であると考えるならば整合性がとれる。これは,従来,所得税務会計から論じられてきた課題を財産税務会計からみた場合に異なる見解が導かれるという事例である。

事業承継は,事業承継時の課税財産上の課税価格をめぐる相続財産および遺贈財産の評価をそのよりどころとするため,本書では,従来の法人税法上の計算規定を研究の対象としていた税務会計の分野に,財産税務会計からの考察を試みた。

富岡は,事業承継税制の誕生を"学問的成果の実務への反映"と位置づけた。事業承継問題を研究する後進に求められることは,経営環境の変化に応じた事業承継税制のシステムとしての再構築にある。本書では,中小企業承継税制問題研究会の誕生から20数年を経て現出してきた問題点について検討する。

Ⅳ 会計制度と税体系のシステム化

本書では,一年間を会計期間とした場合の損益計算である期間損益計算概念に対比する存在として,人生を会計期間とした場合の損益計算を生涯損益計算概念と定義する。

つまり,わが国の会計システムは,図表 1-7 で示すように,日常取引を前提とする期間損益計算概念と人生設計を前提とする生涯損益計算概念という二つの概念を有する。そして,前者により算定された課税所得にもとづき個人を対象とし所得税の徴収を目的とする所得税が課税され,同様に,法人を対象と

【図表1-7】 課税システムにおける要素と属性

```
                    財務会計
        ┌─────────────┴─────────────┐
     (日常取引)                  (人生設計)
        │    原則的に一年間を           │    人生を一会計期間
        │    会計期間とする            │    とみなす
        ↓                           ↓
     決算日の到来                  相続の発生
   期間損益計算概念              生涯損益計算概念
        │                           │
        │   税務会計に基づく調整        │
    ┌───┴───┐                   ┌───┴───┐
    ↓       ↓                   ↓       ↓
  [個人]   [法人]               [相続人] [事業承継者]
    │       │                   │       ↑
    │       │                   │    事業承継税制
    │       │                   │       │
  所得税の  法人税の             相続税（贈与税を含む）
  徴収を    徴収を               の徴収を目的とする。
  目的とする。目的とする。
    ↑       ↑                       ↑
  [所得税] [法人税]                 [相続税]
```

なお，これらの構成要素および属性は以下のものである。

要素	属性
個人	個人は，居住者と非居住者により構成される。前者は，国内に住所を有し，または現在まで引き続いて1年以上居住を有する個人のうち非永住者以外の

	者と居住者のうち，国内に永住する意思がなく，かつ，現在まで引き続いて5年以下の期間，国内に住所または居所を有する者のことをいう。また，後者は，居住者以外の者のことをいう。
法人	国内に本店または主たる事務所を有する法人である内国法人と内国法人以外の法人である外国法人により構成される。ただし，外国法人は，国内源泉所得のみを課税対象とする。
相続人	相続人とは，相続または死因贈与を含む遺贈により財産を取得した個人のことをいう。ただし，基礎控除範囲内の相続人，宗教法人の事業承継者，農業相続人および個人事業主を含む非公開会社の事業承継者等は各種の特例により課税対象から除かれる。
事業承継者	事業承継者とは，現行の事業承継税制の適用対象者のことをいう。

し法人税の徴収を目的とする法人税が課税される。また，後者により算定された課税財産にもとづき相続人および事業承継者を対象とし相続税の徴収を目的とする相続税が課税される。

なお，国税三法を形成する所得税，法人税および相続税の計算方法と国税三法に準じる存在である消費税の計算方法については，補足資料①②③④に載せた。

このように，税務会計は，財務会計にもとづいて算定した当期利益をよりどころにし，これに税法を加味して納税額の算定を行うため，会計学と税法学という二つの相互に関連性を有する構成要素の集合であり，これらは所得の算出とそれに付随する納税額の算出という納税義務の達成に向けて機能しておりシステムの要件を充たした存在として認識できる。

また，税務会計は，図表1-8で示すように，所得税務会計と財産税務会計から構成される。

本書では，現行の所得税，法人税および相続税により成立する国税三法に代えて，所得税，法人税および限定財産税による新国税三法の創設を提案する。

これは，北野弘久の学説を基礎にして，その上に筆者の見解を付加したものである[17]。限定財産税とは，事業承継者の承継時の資産を構成する土地，借地権および株式等を対象とする直接税のことを指す。すなわち，限定財産税は，大企業および一定以上の資産家に対する課税を目的とする税であり，所得税および法人税の補完的存在として位置づけられる。

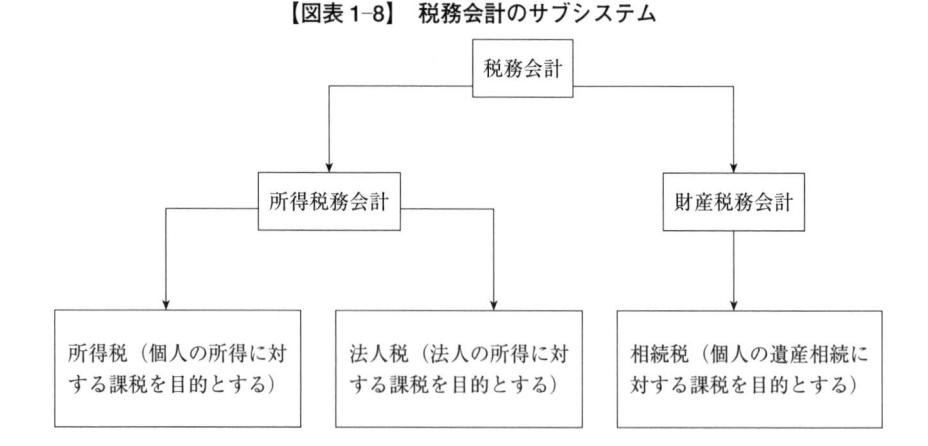

【図表1-8】 税務会計のサブシステム

```
                    税務会計
                   /        \
            所得税務会計      財産税務会計
           /        \              |
    所得税(個人の    法人税(法人の    相続税(個人の遺産相続に
    所得に対する    所得に対する    対する課税を目的とする)
    課税を目的とする) 課税を目的とする)
```

　現行の相続税は，個人の人生終焉を前提として成り立ち，被相続人の死亡をもって開始されるが，この被相続人を区分することなく相続財産に対して超過累進税率にもとづいて一律に課税される。

　しかし，被相続人は，図表1-9のように資産家，公開会社の事業承継者，大規模医療法人の事業承継者および大規模宗教法人の事業承継者などから構成される富裕層と，基礎控除範囲内の相続人および農業の事業承継者などの富裕層以外の層とに大別されるべきである。

　前者に対しては，課税の公平性の実現を目的として超過累進税率を採用し，後者に対しては，課税対象者の保護を目的として非課税措置を講ずるべきである。

　一方，非公開会社の事業承継者に対しては，課税庁の審査により一定要件を充たした場合には，事業継続の助成を目的として非課税措置を講ずるべきである。

　つまり，限定財産税の私案によれば，非公開株式と特例制度を柱とし，非公開会社の事業承継者に対する相続税納税額の税額軽減を目的とする事業承継税制は限定財産税の範疇に含まれることになる。

　一般的に，相続税は，特定の個人に集中した財産を社会に還元するという富の再分配機能を有しており，また，所得の蓄積成果として形成された財産に対

第1章　序　　論　19

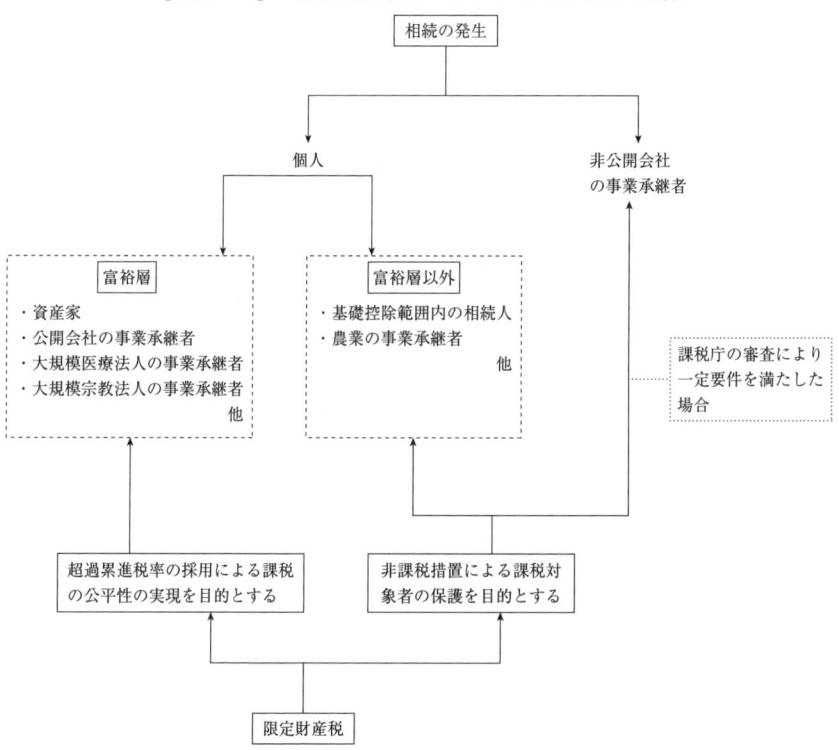

【図表1-9】　限定財産税システムにおける要素と属性

```
                        相続の発生
                    ┌──────┴──────┐
                   個人           非公開会社
                                   の事業承継者
         ┌──────┴──────┐
       富裕層            富裕層以外
    ・資産家          ・基礎控除範囲内の相続人
    ・公開会社の事業承継者  ・農業の事業承継者
    ・大規模医療法人の事業承継者        他
    ・大規模宗教法人の事業承継者
             他                        課税庁の審査により
                                       一定要件を満たした
                                       場合

    超過累進税率の採用による課税   非課税措置による課税対
    の公平性の実現を目的とする      象者の保護を目的とする

                      限定財産税
```

なお，これらの構成要素および属性は以下のものである。

要素	属性
資産家	資産家とは，相続または死因贈与を含む遺贈により財産を取得した個人のことをいう。ただし，基礎控除範囲内の相続人（特例制度の適用者を含む）は除く。
公開会社の事業承継者	公開会社の事業承継者とは，全国5取引所，東証マザーズ，名証セントレックス，札幌アンビシャス，福岡Qボード市場，ジャスダック市場およびヘラクレス市場等の公開会社における経営権を先代経営者より移譲された個人のことをいう。
大規模医療法人の事業承継者	医療法人の事業承継者とは，出資持分の定めのある社団たる医療法人に該当し，評価通達196の評価方法に

個人		準じて出資持分の価額が評価される医療法人の経営権を先代経営者より移譲された個人のことをいう。ただし，診療所等の個人病院の経営者である院長は資産家とする。
	大規模宗教法人の事業承継者	宗教法人の事業承継者は，宗教法人法第25条第2項の規定により，一定様式にもとづく書類と会計帳簿の作成提出等が義務づけられている宗教法人の経営権を先代経営者より移譲された個人のことをいう。
	基礎控除範囲内の相続人	基礎控除範囲内の相続人とは，相続発生時に，5,000万円＋1,000万円×法定相続人の数（2007年4月現在）の範囲内の財産を取得した個人のことをいう。
	農業の事業承継者	農業の事業承継者（農業相続人）とは，租税特別措置法（相続税法の特例）第70条4以下の規定を受け，一定要件を満たした場合に相続税および贈与税の納税猶予という特例の対象となる個人のことをいう。
非公開会社の事業承継者		非公開会社の事業承継者とは上記の公開会社の事業承継者以外の個人のことをいう。ただし，現行の事業承継税制が特別制度において減額対象としている一定要件を満たした個人については含むものとする。

して課税するため所得税の補完機能も有すると評されるが，限定財産税は，この相続税の機能を喪失することなく，さらに，課税対象者を特定の大企業の事業承継者や一部の富裕層などに限定することにより課税の公平性も実現できる。また，事業承継税制が目的とした非公開会社の事業継続の妨げとなる税でもない。

　所得税および法人税は，節税対策による所得隠しが行われる可能性が高く，超過累進税率による課税を実施した場合でも課税逃れを完全に防ぐことは容易ではない。しかし，限定財産税は，事業承継時の承継資産を対象として，その課税対象者の範囲を大企業の事業承継者および一部の富裕層などに限定することにより所得税および法人税の補完税としての存在意義を有することになる。なぜならば，限定財産税は，所得に対する課税ではなく所得の蓄積である財産に対して課税を実施するため，課税逃れをすることが難しいからである。

　本書では，限定財産税の創設と，それに付随して会計制度と税体系との再構築を提案する。

小　括

　平成 18 (2006) 年 10 月 3 日，安倍晋三首相は，衆議院本会議での代表質問への答弁のなかで中小企業の事業承継の円滑化を目的として，事業承継税制の特例措置の拡充を検討する方針を表明した。そして，平成 19 (2007) 年 2 月 8 日，自民党経済産業部会の事業承継問題検討小委員会（平井卓也委員長）は，事業承継者者の確保および相続税の納税負担が経営課題となっている非公開会社の事業承継の促進策について，2007 年中に中間報告をまとめるという方針を発表した。

　また，現在，国内の成熟市場を舞台にした M & A が加速しており，これらへの対応策とした MBO を用いた事業承継が注目を浴びている。よって，第 1 節では，事業承継の研究意義について考察し，第 2 節では，事業承継の研究方法について考察した。

　一般的に，税務会計とは，法人税等の算定を目的として損益計算書上に表示された当期利益を基に法人税確定申告書別表四を用いて申告調整し，課税所得を求める会計学分野と評される。つまり，収得税に対応した会計システムである所得税務会計のことを指す。

　しかし，税務会計には，所得税務会計ばかりでなく財産税務会計も存在する。例えば，事業承継は，事業承継時の課税財産上の課税価格をめぐる相続財産および遺贈財産の評価をそのよりどころとしており，財産税に対応した会計システムである財産税務会計からのアプローチが適している。よって，本章では，わが国の事業承継について，財産税務会計からのアプローチを試み，併せて会計制度と税体系のシステム化についても論じたのである。

注
（1）　中小企業庁の調査によれば，子供に継ぐ意思がない (24.9 %)，子供がいない (8.7 %)，適当な後継者がみつからない (2.3 %) という結果がでた。
　　　（出所）中間報告，【附属資料 18】。

　　　　　また，東京商工会議所が，平成15（2003）年に，事業承継のニーズについて会員
　　　　向けにアンケートを実施した結果では，後継者がいると回答した企業の91％が今後
　　　　15年以内に世代交代を考えていると回答した。この調査結果の内訳は，5年以内の事
　　　　業承継を考えている企業は40％，10年以内の企業が35％，15年以内の企業が16％
　　　　であった。
　　　　　　（出所）成田一正・東京商工会議所編「新会社法対応！事業承継のすすめ方2006」
　　　　東京商工会議所産業政策部，2006年，4-5ページ。
（2）　民法第882条は，「相続は，死亡によって開始する」と定め，同第896条は，「相
　　　　続人は，相続開始の時から，被相続人の財産に属した一切の権利義務を承継する」と
　　　　定める。つまり，相続とは，財産の持主が死亡して，その財産が無主のような形態に
　　　　なるとき，その無主的な状態を埋め合わせるため，誰かがそれを受け継ぐことである。
　　　　　　（出所）中川善之助・泉　久雄『相続法〔第四版〕』有斐閣，2000年，1ページ。
（3）　前掲『中間報告』【附属資料1】に「中小企業の位置付け」が記載されている。
（4）　同上　図表7に「自営業主の年齢別構成比」が記載されている。
（5）　富岡幸雄『事業推進型承継税制への転換—事業承継税制の推移と改革構想—』ぎ
　　　　ょうせい，2001年，に詳しい。
（6）　北野弘久『税法学原論〔第五版〕』青林書院，2003年，58ページ。
　　　　　税法の基本原則としては，租税法律主義および租税公平主義（租税平等主義）の二
　　　　つが挙げられる。日本国憲法第30条は，「国民は，法律の定めるところにより，納税
　　　　の義務を負ふ」と定め，同第84条は，「あらたに租税を課し，又は現行の租税を変更
　　　　するには，法律又は法律の定める条件によることを必要とする」と定め，税法のより
　　　　どころとして租税法律主義を採用する。つまり，租税法律主義とは，国または地方公
　　　　共団体が租税を課税し徴収するためには法律上の根拠を要し，国民はそれを得ること
　　　　なく納税の義務を負わないというものである。また，同第14条は，「すべて国民は，
　　　　法の下に平等であって，人種，信条，性別，社会的身分又は門地により，政治的，経
　　　　済的又は社会的関係において，差別されない」と定める。つまり，租税公平主義とは，
　　　　同第14条の規定をうけ，税の配分は納税者自身の担税力に応じて公平になされなけ
　　　　ればならないというものである。この税法の基本原則からも，税体系は，不公平税制
　　　　を是正して，真の応能負担原則を実現するものであることが求められる。
（7）　森信茂樹『日本の税制　グローバル時代の「公平」と「活力」』PHP新書，2001
　　　　年，149ページ。
（8）　前掲『中間報告』図表20に詳しい。
　　　　　大阪商工会議所が平成2（2000）年に公表した事業承継に関するアンケート調査に
　　　　よれば，調査会社860社の中で回答した677社の約62.7％にあたる多数の企業にお
　　　　いて息子が二代目社長を承継しており，これに甥や姪等の同族近親者を含めると
　　　　83.0％の会社において同族近親者の中から事業承継者が選出されている。
　　　　　　（出所）大阪商工会議所：http：//new.osaka.cci.or.jp/Chousa_Kenkyuu_Iken/
　　　　jigyoushoukei.html／
（9）　昭和24（1949）年，米国よりシャウプ使節団が来日し勧告を行う。わが国の戦後
　　　　税制は，シャウプ勧告にもとづいて（イ）納税意識の向上，（ロ）税負担の公平化，

(ハ) 徴収事務制度の効率化, (ニ) 法人税と所得税の二重課税の排除を目的として税制改革が成される。さらに, シャウプは, 相続税改革に着手する。このシャウプ勧告により, わが国の相続税の課税システムは大きく変化する。従来, 遺産総額に対して課税されていたものを被相続人の財産を相続人が相続した段階で相続遺産の額に応じて課税するというものに改めた。また, 贈与税を相続税の中に組み込むことにより相続税における公平化がはかられた。わが国の税体系を確立したという点でシャウプ勧告の果たした役割は大きい。しかし, この相続税に関する税制改革は, 実質3年間で幕を閉じることになる。

(10) 例えば, 代表的な文献としては, 次の実務書が挙げられる。
① 右山昌一郎『事業承継対策』中央経済社, 1996年
　本書は, 円滑な事業承継の基礎知識となる相続法と相続税法との関係や事業承継税制の理念と展開および当該税制の主柱となる自社株の評価などについて詳解している実務書である。
②小池正明『非上場株式の評価と事業承継対策〔第3版〕』中央経済社, 2001年
　本書は, 事業承継時の中核的存在である自社株について, 税務上の取扱い, 株式評価の知識および節税対策ノウハウなどについて詳解している実務書である。
③髭　正博『事業承継・自社株対策の実践と手法』日本法令, 2002年
　本書は, 事業承継時の相続税納税問題と遺産分割トラブルを回避し, 事前に解決するための自社株対策についてその節税対策ノウハウなどについて詳解している実務書である。
④税理士法人中央青山『事業承継・相続対策の法律と税務』税務研究会出版局, 2004年
　本書は, 企業オーナーあるいは企業オーナーを顧客とする税理士等の専門家を対象としており, 事業承継実務において生じる経営, 法律, 税務などの諸問題について総合的に解説している実務書である。

(11) 平成17 (2005) 年9月2日, アパレル業界大手のワールドは, MBOに伴うTOBの成立を発表し上場廃止が決定した。この株式の非公開化の動きにポッカコーポレーションなどの企業も続いた。
　また, 外食産業大手のすかいらーくも株式の非公開化を行った。ニッポン放送株の取得を巡るライブドアとフジテレビとの争いに端を発した敵対的買収に対する究極の防衛策は株式の非公開化である。ライブドアや村上ファンドの登場は, 企業経営の在り方に一石を投じたといえる。実際, 株式公開の目的を市場からの資金調達に限定するならば, 営業キャッシュ・フローの健全な企業は, 株式の公開に固執する必要はない。例えば, わが国を代表する企業であるサントリー, 竹中工務店, 冨士ゼロックス, リクルート, JTBなどは非公開会社である。また, 株式の非公開化は, 敵対的買収からの防衛の他に, 上場維持のための経費削減というメリットももたらす。現在, 国内の成熟市場を舞台にしたM＆Aが加速している。このうち, ワールド, ポッカコーポレーション, キンレイ, すかいらーく, キューサイ, レックス・ホールディングス等においては, MBOによる株式の非公開化が実施されている。

(12) 北野弘久『現代企業税法論』岩波書店, 1994年, 385ページ。

(13) 非公開会社は，事業承継問題を含む次のような経営上の課題を抱えている。

経営上の課題		
事業経営問題	事業承継問題	
	人的承継	物的承継
・事業資金の確保 ・収益性の向上 ・キャッシュ・フローの健全化 ・人件費の抑制 ・国際化への対応　　　　他	・経営者の高齢化 ・後継者の確保 ・後継者の育成 　　　　　　　　　　他	・非公開株式の資産評価 ・特例制度による資産評価 ・相続税納税資金の確保 　　　　　　　　　　他

(14) 富岡幸雄『税務会計学原理』中央大学出版部，2003年，23-24ページ。
(15) ここでシステムについて定義しておく。システムは大別して二つのシステム定義に分類される。一つは，「システムとは，要素の集まりであり要素間および要素の属性間に相互関係が存在するもの」と定義される。他の一つは，「システムとは，多数の構成要素が有機的な秩序を保ち，同一目的に向かって行動するもの」として定義される。前者のシステム定義は，一般的に広義のシステムに関する定義であり，後者は狭義のシステムに関する定義として認識される。本書では，後者のシステム定義を採用するものとする。
　　（出所）Arthur D. Hall, "*A Methodology for System Engineering*" D. Van Nostrand Company, Inc. U. S. A. p. 60, 1962. 近藤次郎編『オペレーションリサーチ用語』丸善，1970年，5ページ。
(16) 髙沢修一「非上場会社の資産評価に関する一考察―財産税務会計からのアプローチ―」『會計』第168巻第6号104-106ページに詳しい。
(17) 髙沢修一「課税システムの再検討―限定財産税導入への会計的アプローチ―」日本租税理論学会編『消費税増税なしでの財政健全化』法律文化社，2007年，114-124ページ。また，同書所載「討論」158-216ページに詳しい。

第2章　事業承継税制の概要

　第1節では，事業承継税制の歴史的経緯と事業承継税制の中核を成す非公開株式および特例制度の発展過程について考察する。第2節では，事業承継税制に関する問題提起のなかから特に代表的な見解をとりあげ，この問題提起に対する私見を述べる。第3節では，事業承継税制の国際的比較を目的として，わが国の戦後税制に多大な影響を与えたシャウプの母国である米国税制（連邦遺産税および連邦贈与税）との相違について考察する。

第1節　事業承継税制の理念と展開

I　事業承継税制誕生までの経緯

　事業承継税制問題は，本来，都市近郊農家の承継問題として浮上した。その結果，農業相続人を対象とした納税猶予の特例制度が設けられた（詳細については，第4章第2節で述べる）。
　しかし，政府税制調査会中小企業株式評価問題小委員会（以下，「政府税調」とする）は，他の事業部門との整合性を図る必要性から税制改正の中に事業承継税制を盛り込むことを検討し始める。この点については，政府税調の昭和58年度の税制改正に関する答申に明記された[1]。
　この政府税調に先行する形で通商産業省（現経済産業省）および中小企業庁の主導により事業承継税制の検討が成されていた。通商産業省および中小企業

庁が事業承継税制に関する研究会を設置した理由については特定することができないが，各種中小企業団体からの要望を取り上げたものであると推測することができる。事業承継税制に関する研究会の設置にあたっては，富岡幸雄が座長に就任する。

すなわち，昭和55（1980）年10月，通商産業省および中小企業庁は，事業承継税制導入の検討機関として，富岡を座長とする中小企業承継税制問題研究会を発足させた⁽²⁾。

そして，昭和56（1981）年4月1日，中小企業承継税制問題研究会は，中小企業事業承継税制に関する報告書（以下，「報告書」とする）を公表し，東京商工会議所において記者会見を開き中小企業承継税制を提唱した⁽³⁾。

この提案を受けて，昭和56（1981）年4月24日，全国青色申告会総連合，全国卸商業団地協同組合連合会，全国共同工場協同組合，全国工場団地協同組合連合会，全国商工会連合会，全国商店街振興組合連合会，全国中小企業団体中央会，全国法人会総連合および日本商工会議所の関係9団体（五十音順）により中小企業事業承継税制連絡会議（以下，「連絡会議」とする）が結成されて中小企業承継税制問題研究会の提案内容の具現化について検討がなされた。

その後，昭和56（1981）年9月10日，東京商工会議所（第295回議員会決議）は報告書の内容に賛同し，そして昭和56（1981）年9月21日，連絡会議は中小企業事業承継税制の創設に関する要望を作成し，さらに，連絡会議から中小企業事業承継税制促進協議会へと組織名称が変更され，各団体の意思は事業承継税制の具現化に向けて統一された。

通商産業省および中小企業庁は，これら一連の事業承継税制に関する要請を受けて，昭和56（1981）年10月に至り，昭和57（1982）年度税制改正要求として中小企業の事業承継の円滑化に資する税制の創設を標榜し，非公開株式と個人の事業用土地または居住用土地の評価の改善を提案した⁽⁴⁾。

本来，相続税の課税問題は，大蔵省（現財務省）および国税庁の管轄下にあった。しかし，管轄外の通商産業省および中小企業庁の肝いりにより事業承継税制問題の検討が進められたため，当初，大蔵省はこの事業承継税制の実現に

対して消極的な姿勢を示した。事業承継税制問題において，通商産業省および中小企業庁があえて主導官庁として名乗りをあげたのは，政策官庁としての自負と共に事業承継が中小企業経営においてより深刻な経営問題であると認識されたからである。

一方，与党自民党は，昭和57（1982）年4月23日に中小企業承継税制議員連盟（会長宇野宗佑衆議院議員）を結成し事業承継税制を支援する決議を表明する[5]。また，日本税理士会連合会は，昭和57（1982）年9月に決定した昭和58年度の税制改正に関する建議書において，中小企業の事業承継税制を早急に実現することや非公開会社の株式評価の改善を図ることを建議する[6]。

その後，中小企業と選挙協力および税理士顧問契約により緊密な関係を構築する与党自民党の議員連盟および税理士連合会からの働きかけもあり事業承継税制は立法化に向けて漸次具現化される。

昭和57（1982）年12月19日，自民党税制調査会は，昭和57年度税制改正の大綱において非公開株式の評価の改善については，昭和58年度の税制改正において実施することができるように検討するものとすると決定する。

また，政府税調は，小会社の実態は個人企業に類似しており本来の会社組織とはいえないため純資産価額による評価方法が適当であるという考え方と小会社であったとしても会社機能を有しているのであるから大会社や中会社と同様に収益性について配慮した評価方法の採用を検討すべきであるという考え方が議論された。

従来，非公開株式の評価方法においては，資産性を重視した純資産価額による評価方法が採用されていたが，新たに小会社の評価方法として収益性を重視した類似業種比準価額による評価方法の検討がなされた。この純資産価額の評価は，事業承継時に事業を解散したと仮定して，簿価と時価との差額による含み益から負債および清算所得に対する法人税等を控除することにより算定した資産によった計算を行うため事業承継時の土地等の資産評価が重要となる。しかし，第1章第3節Ⅲで述べたように，税務会計上，継続企業を前提とした企業会計において，清算所得をよりどころとする純資産価額を事業承継時の資産

評価手法の一つとして採用することに問題点を指摘できる。

II 非公開株式の改正

非公開会社の事業承継においては，非公開株式の存在が相続税評価額の算定に多大な影響を与えており，非公開株式は，事業承継税制の一方の柱とされる。それ故，非公開株式の評価には，税務専門家により種々の節税行為が成されており，それに呼応して改正が実施された。よって，非公開株式の内容把握を目的として改正点について時系列に追うこととする。

非公開株式は，昭和58（1983）年度，平成2（1990）年度，平成6（1994）年度，平成12（2000）年度，平成16（2004）年度，平成18（2006）年度，平成19（2007）年度に図表1-2のように税制改正された。

昭和58（1983）年度税制改正においては，次の三点を特色として指摘できる。第一に，小会社の場合，純資産価額方式のみであった点を改めて純資産価額方式と類似業種比準方式との併用を容認し，さらに，中会社（小）においては，両方式の折衷割合（以下，「Lの割合」とする）が図表2-1のように0.25（25％）から0.5（50％）に引き上げられた[7]。本改正により小会社の株式評価においても類似業種比準方式に準じて収益性が考慮された。

第二に，類似業種の適用に当たり従前の類似業種の業種分類においては，小

【図表2-1】 非公開株式評価のLの割合

法人の規模別区分		改正前	改正後
小会社		0％	50％
中会社	小	25％	50％
	中	50％	50％
	大	75％	75％
大会社		100％	100％

（出所）富岡幸雄『事業推進型承継税制への転換～事業承継税制の推移と改革構想～』ぎょうせい，2001年，59ページ。

分類に該当する類似業種が存在しないときには中分類の業種を,そして中分類に該当する類似業種が存在しないときには大分類の業種を適用するようにと規定されていたが,改正後は類似業種が小分類に属する業種目については小分類と中分類との選択適用を,そして類似業種が中分類に属する業種目については中分類と大分類との選択適用が容認された。多様な事業内容を有している中小企業の実態を考慮し,業種の選択肢を広げたという点に本改正の意義が窺える。

　第三に,従前の類似業種の適用株価において,類似業種の適用株価について相続開始の日の属する月以前3ヵ月間の各月の平均株価のうち最も低い価額を適用することとしていたが,前年一年間の平均株価も付加された。本改正は,類似業種の上場株価の一時的な変動に影響を受けることなく株価評価を安定させるという効用を生み出し納税者の選択権を大幅に拡大させた。

　平成2 (1990) 年度の税制改正においては,次の二点を特色として指摘できる。第一に,純資産価額の計算方法と特定の評価会社の株式評価についての改正が行われた。純資産価額の計算方法については,評価会社が課税時期前3年以内に取得 (新築) した土地等・建物については課税時期における通常の取引価額により評価して純資産価額を計算することになった。つまり,土地等・建物を取得した場合には,取引価額を3年間変更しないことになった。本改正の背景には,個人が相続開始前3年以内に取得した土地等は取得価額で評価しなければならないという旧租税特別措置法69条の4の存在があり,この規定に対応させるという事情があった。本来は,平成8 (1996) 年度税制改正により旧租税特別措置法69条の4が廃止された時点において平成2 (1990) 年度の税制改正にもとづく通達改正も廃止されるべきであったが継続適用されている。

　当該通達が旧租税特別措置法69条の4の廃止後も存続している理由については,当該通達が相続税評価額と取引価額との差額を利用した負担付贈与等によって租税回避行為が行われることを防ぐことを目的とし,相続税法22条の『時価』の解釈・適用を適正なものにする趣旨で設けられた規定であるためと説明できる[8]。

　第二に,特定の評価会社の株式の評価区分には,昭和39 (1964) 年通達によ

り設けられた開業前又は休業中の会社および清算中の会社の2区分に加え，新たに土地保有特定会社，株式保有特定会社，開業後3年未満の会社および2要素以上0の会社が新たに設けられた。本改正は，類似業種比準方式を利用した株価の圧縮による節税対策を規制し評価会社の資産保有の実態や営業状況の明確化を目的としている[9]。

　このうち，株式保有特定会社とは，株式価額の割合が総資産価額中の25％以上の会社のことである（ただし，中会社および小会社においては50％以上の会社が該当する）。そして，土地保有特定会社とは，小会社を除外して土地等の価額の割合が総資産価額中の70％以上の会社のことである（ただし，中会社は90％以上の会社が該当する）。さらに，開業後3年未満の会社等の株式とは，開業後3年未満の会社または類似業種比準価額の比準要素の金額の2要素以上が直前期，直々前期においてゼロである会社のことをいう。

　なお，株式保有特定会社および土地保有特定会社を含む取引態様に応じた評価方法については，補足資料⑤に載せた。

　平成6年（1994）度の税制改正においては，次の三点を特色として指摘できる。第一に，図表2-2のような会社規模の判定基準の改正が行われた。従前の資本金1億円の基準に代えて従業員100人以上の会社を大会社とする改正が行われ，さらに総資産価額基準にも従業員数の規模が付加された。改正前における大会社の規定においては，公開可能な会社であるこという要件が附随していたが，本改正によりこの要請は消除された。第二に，中会社が2区分から3区分に細分化されてLの割合が引き上げられた。例えば，改正前は大会社(0.75)，小会社(0.50)であったが，改正後は大会社(0.90)，中会社(0.75)小会社(0.60)に変更された。第三に，過剰な節税対策に対応し現物出資よりも著しく低額で受け入れた非公開株式が存在する場合には，純資産価額方式における評価差額に対応する法人税等相当額控除の不適用が導入されることになった。第四に，土地保有特定会社の対象範囲の改正が行われた。従来の会社規模判定基準の判定要素に従業員数が追加されて，図表2-3のように小会社も土地保有特定会社の対象に加えられた。

平成12（2000）年度の税制改正においては，次の五点を特色として指摘できる。第一に，図表2-4のように類似業種比準方式における計算式の改正が行われた。

改正後は，比準要素のうちの利益金額を3倍とすることにより収益性の比重を重くした。また，評価の安全性を保証する斟酌率の割合を従来の一律0.7から中会社（0.6）および小会社（0.5）と変更することにより会社の事業規模を配慮した数値に変更した。本改正は，「利益が少なければ，相続税は少なくても問題はないということと同様であり，利益を上げないような会社が相続税上有利となる財産評価基本通達の改正，と表現せざるを得ない」[10]という問題点

【図表2-2】 会社規模の判定基準

規模の区分	大会社		中会社		小会社	
区分の内容	従業員数100人以上の会社または下記のいずれか一に該当する会社		従業員数100人未満の会社で下記のいずれか一に該当する会社		従業員数100人未満の会社で下記のいずれにも該当する会社	
	卸売業	卸売業以外の業種	卸売業	卸売業以外の業種	卸売業	卸売業以外の業種
総資産価額（帳簿価額によって計算した金額）および従業員数	20億円以上（従業員数50人以下の会社を除く）	10億円以上（従業員数50人以下の会社を除く）	8,000万円以上（従業員数10人以下の会社を除く）	5,000万円以上（従業員数10人以下の会社を除く）	8,000万円未満または従業員数10人以下	5,000万円未満または従業員数10人以下
直前期末以前1年間における取引金額	80億円以上	20億円以上	2億円以上80億円未満	8,000万円以上20億円未満	2億円未満	8,000万円未満

【図表2-3】 小会社の土地保有割合

会社の区分	小会社			
	卸売業		卸売業以外の業種	
区分の内容	総資産価額20億円以上	総資産価額8,000万円以上20億円未満	総資産価額10億円以上	総資産価額5,000万円以上10億円未満
土地保有割合	70%以上	90%以上	70%以上	90%以上

【図表2-4】 類似業種比準方式の計算方法

$$1株当たりの類似業種比準価額 = A \times \left(\frac{\frac{Ⓑ}{B} + \frac{Ⓒ}{C} \times 3 + \frac{Ⓓ}{D}}{5} \right) \times 斟酌率$$

A＝類似業種の株価
B＝課税時期の属する年分の類似業種の1株当たりの配当金額
C＝課税時期の属する年分の類似業種の1株当たりの年利益金額
D＝課税時期の属する年分の類似業種の1株当たりの簿価純資産価額
Ⓑ＝評価対象会社の直前期末における1株当たりの配当金額
Ⓒ＝評価対象会社の直前期末以前1年間における1株当たりの年利益金額
Ⓓ＝評価対象会社の直前期末における1株当たりの簿価純資産価額
(注1) Ⓒがゼロの場合は，分母「5」を「3」に換えて計算する。
(注2) 斟酌率：大会社 (0.7)，中会社 (0.6)，小会社 (0.5)

を生み出す。

　つまり，改正後の類似業種比準方式の採用は，利益が増加すると承継時の資産評価が高くなり，利益が減少すると承継時の資産評価が低くなるという構図をイメージさせる[11]。

　しかし，企業経営は利益の増加を経営目標とする継続企業の存在を前提要件とし期間損益計算により納税額を決定しており，納税額の減少を目的として恣意性に富んだ利益操作により利益額を調整するという行為は健全な企業経営の範疇から逸脱した行為である[12]。

　第二に，個人企業の実態を配慮して小会社の従業員数基準が従来の10人以下から5人以下に改正された。個人事業主が法人成りにより事業化することも多く，本改正は実状に合致した改正点であるといえる。第三に，比準要素数1の会社の株式評価方法が改正された。従来，比準要素数2以上ゼロの会社の株式の価額は，純資産価額方式により評価することとされていたが，直前期末を基準として計算した場合に比準要素のすべてがゼロとなる会社を除いて，類似業種比準価額の適用割合を0.25（25％）と設定して純資産価額と類似業種比準価額の併用が容認されることになった[13]。例えば，類似業種比準価額に0.25を乗じた数値と純資産価額に（1－0.25）を乗じた数値を加算させる。改正前

は利益と配当の金額がゼロとなった場合には，純資産価額方式による評価が半ば強制的に採用され高額な納税額が発生するケースがみうけられたが，本改正によりこの問題については若干是正された。しかし，純資産価額と類似業種比準価額を併用した場合，併用割合として0.25（25％）を採用したことについては特に説明されてはおらず，その場しのぎの緊急避難的な改正といえる。第四に，株式交換または株式移転により著しく低額で受け入れた株式が存在する場合，評価差額に対する法人税額等相当額は純資産価額の計算上控除しないこととされた。第五に，評価会社が自己株式を有する場合には，評価区分の判定および純資産価額の計算において発行済株式総数から除外し，さらに保有株式からも除外することになった。

　平成16（2004）年度の税制改正においては，次の四点を特色として指摘できる。第一に，同族株主の判定基準が従来の筆頭株主グループの持株割合から議決権割合に変更になった。この場合の株主グループとは，本人とその同族関係者（6親等内の血族，配偶者，3親等内姻族，その他特殊関係にある個人および法人）のことをいう。第二に，特殊事業用資産に該当する非公開株式について一定要件を満たす場合（相続開始直前に被相続人および特別関係者が当該会社の発行済株式等総数の50％超を所有し，発行済株式等総数に相続開始時点における一株当たりの時価を乗じた金額が20億円未満であること等を要件とする）には，平成16（2004）年1月1日以後の相続または遺贈から10億円を限度として発行済株式総数の3分の2以下の部分について課税価格計算において10％を減額できることになった。第三に，平成16（2004）年1月1日以後に非公開株式を譲渡することにより売却益が生じた場合には，所得税および住民税が従来の26％から20％に軽減された。第四に，平成16（2004）年4月1日以後に開始した相続から相続財産に係る非公開株式を相続発生後3年10ヵ月以内に非公開事業形態の当該株式発行会社に対して譲渡し，一定要件（相続または遺贈による非公開株式を含めた財産の取得に対して相続税を有していること等）を満たした場合には，みなし配当課税は行われずに譲渡所得課税が適用されることになった。本改正は，非公開株式を対象とした軽減措置であり，事業承継時の納税額の減少

に貢献した。

III 小規模宅地等特例制度の改正

　事業承継税制案のもう一つの柱として特例制度の整備が行われる。昭和58 (1983) 年度の税制改正の答申において事業承継税制の創設の一環として，株式評価について改善合理化を図ることとの関連で，個人が事業の用または居住の用に供する小規模宅地についても所要の措置を講ずることが適当であるとして特例制度が設けられた。

　つまり，特例制度は，土地の高騰を社会経済的背景として創設されたといえる。なぜならば，非公開会社の事業承継者が相続人として被相続人である経営者から承継する財産のうちで不動産の占める割合が高く，さらにその不動産は土地を中心に資産形成されているからである。

　また，特例制度において事業の用に供する宅地に加えて居住の用に供する宅地も加えられたのは，非公開会社のおかれている経営環境について配慮したためであると推測できる。

　この配慮については，事業の用または居住の用に供されている宅地のうちで，最小限度の必要部分については相続人等の生活基盤を維持するために不可欠な存在であり，その処分においても多大な規制を受けるのが現実であるため通常の課税対象とすることは実務上の問題が生じるので，相続時の資産評価において所要の斟酌を加えたものである。

　制定に当たっては，固定資産税における小規模住宅用地の課税標準の特例制度が参考にされており現在でも両者の関係は深い[14]。固定資産税の課税において一定の特典を供与していながら，さらに同一の宅地に対して相続時の資産評価においても評価減を実施することは二重の特典授与となるが，相続人の事業承継を容易にするという趣旨が前提にあるため容認されている。

　特例制度は，昭和63 (1988) 年以降，度重なる改正作業に着手し資産評価の評価減の作業を行う。特例制度は，小規模なものを除くと昭和63 (1988) 年度，平成4 (1992) 年度，平成6 (1994) 年度，平成11 (1999) 年度，平成13 (2001)

年度に税制改正が実施された。

　昭和63（1988）年度の税制改正において，特例制度の減額割合が拡大された。改正前は，個人の事業の用または居住の用に供していた土地のうち，200 m^2 までの部分については通常の方法により評価した金額から20％減額されていたが，改正後，事業の用に供する部分については60％の評価減がなされ，居住の用に供する部分については50％評価減することが容認された。本改正は，上昇し続ける土地評価に対する税率面からの緩和措置の役割を果たした。

　平成4年（1992）度の税制改正においては，特例制度の減額割合が拡大された。改正後，事業の用に供する部分については70％の評価減がなされ，居住の用に供する部分については60％評価減することが容認された。本改正は，バブル期に上昇し続けた土地の資産評価上の簿価と時価との乖離を是正する役割を果たした。

　平成6年（1994）度の税制改正においては，次の三点を特色として指摘できる。第一に，特例制度の対象となる宅地は，被相続人等の事業用宅地等，被相続人等の居住用宅地等および国の事業用宅地等であったが，これに事業と称することができない不動産の貸付けやその他これに類することにより相当な対価を得て継続的に実施される宅地等が付加された。第二に，事業の用に供する部分および特定の居住の用に供する部分については80％の評価減がなされ，その他の用に供する部分で50％の評価減が容認された。第三に，相続税の申告期限である3年を超えている未分割宅地等については特例制度の不適用対象とされた。本改正は，宅地等の減額割合の最終改正としての位置を占め，80％の評価減の採用は，相続税の課税方法に大きな影響を及ぼした。

　平成11（1999）年度の税制改正においては，特定事業用宅地等，国営事業用宅地等および特定同族会社事業用宅地等について特例制度における対象面積が拡大された。例えば，特例制度の対象面積は200 m^2 までの部分から300 m^2 までの部分に大幅に拡大された。また，特定居住用宅地等に係る要件の親族の範囲が民法第5編第2章の規定による相続人に定められた。

　平成13（2001）年度の税制改正においては，特例制度における特定事業用宅

地等，国営事業用宅地等および特定同族会社事業用宅地等に係る対象地積が400 m^{2}まで拡大され，特定居住用宅地等に係る対象地積が240 m^{2}まで拡大された。本改正により，一定要件を満たした場合には，地積が240 m^{2}または400 m^{2}まで最高80％減額割合が適用されるという現行の事業承継税制は土地に関しては完成段階を迎えたといえる。

第2節　事業承継税制への批判と私見

I　事業承継税制に対する批判

　事業承継税制が有する社会的存在意義については，いくつかの問題が提起されてきた。そのため，本節においては，事業承継税制の存在意義を明確にすることを目的として，代表的な見解をとりあげて考察する。

　第一に，事業承継は，親から子への円滑な事業の承継を優遇することを前提としているが，事業承継の中心は事業規模の社会的な承継を中心としたものに移行してきており，事業承継税制の存在は新規ビジネスの展開を阻害すると指摘される[15]。同様に，二十世紀において，人々は結果の平等でなく機会の均等の下で互いに競争し，経済社会の活性化を実現せねばならず，親の遺産を何の対価を支払わずに相続する人が多くなるほど，裸一貫で立ち上がる人を不利にし，社会に対し不平等感を助長することになるという指摘もある[16]。

　第二に，事業承継税制とは一種の政策税制に近いものであり，政策によって国税庁が時価を訂正するということがはたして妥当な行為といえるのかと指摘される[17]。事業承継税制は，評価のよりどころとなる時価評価を国税庁の判断に委ねているという点を鑑みると政策税制の性格を有しており，評価基準の設定が施政者の裁量に委ねられていると指摘できる[18]。さらに，現行の事業承継税制は，特例制度が法律にもとづいて立法化されているのに対し，非公開株式は法律よりも法源が下位に位置する評価通達にもとづいているというように，同一税制のなかに異なる評価基準を内包しており，制度的に不整備の状態

にある。

　第三に，事業承継税制は，事業承継を資産評価および課税の対象とすると称していながら，実際には相続人が事業を承継しない場合でも，被相続人が事業の用に供していた宅地等に50％の資産評価上の減額を容認しており，さらに，事業と関係のない居住用宅地等をこの制度に取り込んでいる点に問題があると指摘される[19]。また，特例制度においては，相続人が被相続人の事業を10ヵ月間継続する等の被相続人と相続人に関する一定の要件を充足させた場合には，80％の評価減が容認されているが，この10ヵ月間というのは，相続税における申告および納税の期間に合致する[20]。

　しかし，既述のように事業承継税制と称していながら，事業の継続期間を実務上の要請から10ヶ月間という短期間に設定し，さらに，事業用以外のケースにおいても評価減を容認しているという点に問題を指摘できる。特例の適用により恩恵を付与する場合には，10ヶ月間という画一的な期間設定に拘束されることなく，事業承継の実態を慎重に吟味し個々の事業承継に対して個別対応すべきである。加えて，事業承継税制のなかには，事業用財産の生前贈与に対し課税を繰り延べること，親族間における共同事業性の承認および生前における財産の帰属関係の整理などを盛り込む必要がある[21]。

　第四に，現行の事業承継税制は，相続財産の法的性格等を問わずに画一的な相続税制を前提にして課税価格の計算において部分的な配慮を行うものにすぎず，また，非公開会社以外の事業承継については，何ら触れられていないと指摘される[22]。

Ⅱ　事業承継税制に対する私見

　第2章第2節Ⅰにおいて，簡単に事業承継税制に関する批判について整理してきたが，以下これに対する私見を述べる。第一に，事業承継税制は，親の遺産を一切あてにすることができず，裸一貫からの起業を考えている勤労意欲のある者のビジネス意欲を奪い，社会に対して不平等感を助長すると指摘される。この第一の批判に対しては，必ずしも事業承継が血縁関係者のみを対象とし

て行われるとは一概に特定することはできないし，さらに既存の事業承継が新規事業への参入の阻害要因になっていると断定することはできないと反論できる[23]。

　第二に，政策上の産物であるか否かということが問われた。つまり，事業承継税制は非公開会社の経営問題から派生したものではなく，政府の政治的指針にもとづくものであるか否かが論議の的となった。これは，事業承継税制の本質や制定の是非を問う重要な問題である。なぜならば，事業承継税制は非公開会社経営者の承継時の窮状を救い企業経営の安定化をはかるという点にその制定の存在意義が認められるのであって，仮に，政策上の産物ということになれば，そこには政府や与党の政治的配慮や恣意性が窺えることになり，政権維持のための施策として利用された可能性もあり，また，当時の管轄官庁である大蔵省と通商産業省の縄張り争いの結果とも推測され，非公開会社の事業承継の円滑化を目的とする税務会計上の補完機能としての存在意義を喪失することになるからである。

　富岡は，この批判に対して，「私の税務会計学の領域には，所得税務会計と財産税務会計と消費税務会計と三つの分野があります。税務会計学の分野の財産税務会計論のニューフロンティアとして財産評価を学問的に研究したわけです。この学問的研究の成果が承継税制という形として政府を動かして実現させたのです。つまり，税務会計学の学問的成果が実現した数少ない貴重な例が承継税制なのです。あくまで税務会計学の原理論からきてるのであって政策論ではありません」[24]と事業承継税制の誕生の経緯と理念について説明している。

　つまり，富岡は，事業承継税制は政府主導型の政策上の産物として誕生したものではなく，"学問と実践の融合"であり新しい文化の創造物であると説明する。この富岡の見解は，第二の問題点に対する回答といえる。税務会計上の構造的な課題は，法人税における画一的な税率の採用に起因する。現行（2007年4月1日現在），普通法人においては，資本金1億円超の場合には30％の税率が適用され，資本金1億円以下においては，所得金額が800万円以下の部分については22％の税率が適用され，そして年800万円超の部分については

30％の税率が適用されている。事業規模の大小を1億円という枠組のなかで処理するのみで，全ての課税対象企業に対して一律の税率を課することは資本力や収益性の乏しい非公開会社の経営を圧迫することになる。したがって，非公開会社の事業承継時の資産評価において評価減という調整作用を施すことは税務会計上の実務的補填措置であるとして評価される。

中小企業関連団体を中心とする制定までの道程を検証した場合，事業承継税制は，非公開会社における承継時の相続納税額の軽減を理念とした課税方法であり政策上の産物とはいえないと反論できる[25]。

第三に，事業承継税制は，事業の継続期間を実務上の要請にもとづいて極めて短期間に設定しており，さらに，居住の用に供する宅地等部分にまで適用対象を拡大設定していることが問題であると指摘された。

富岡は，この批判に対して，「土地の課税上の評価をみても，譲渡性評価，つまり譲渡価値（売却価値）によるべきであるとしている現在の税制は原理的に誤りである。土地の売買価格水準はその本来の収益性価値を大幅に超過し，両者の開きは，ますます拡大している。要は，使用収益・利用を目的としている事業用財産，農業用財産，居住用財産等については，すべからく収益評価，つまり使用収益価値（収益価額）ないし利用価値（利用価額）によるよう根本的に改めるべきである」[26]と述べる。

このように，富岡は，事業承継時における事業用および居住用の土地評価の重要性について示唆しているが，事業用に加えて居住用においても評価減を採用する事由については明言していない。

特例制度は，既述のように一連の税制改正において，減額割合と減額対象面積を漸次拡大させてきた。特例制度がバブル期において果たした社会的役割は多大であるが，平成2（1990）年以後，土地評価の沈静化のなかでも引き続き減額措置が採られている点には問題を指摘できる。しかし，現実的に非公開会社において，事業の用に供する資産と居住の用に供する資産との区別を明確にすることは難しく，両者が混在しているケースも多い。また，事業承継税制の目的は，事業承継時の納税額を軽減することにより承継を容易にすることであ

り，この批判は，事業承継税制が事業承継に果たした役割に比べるとあまりに枝葉にすぎない。富岡が主張するように事業承継税制を"実務上の学術的成果の結実"として評価するならば，実務との調整が重要であり，これを事業用と居住用の厳格な鋳型にはめ込み評価の柔軟性を奪うことは事業承継税制の真価を損なうことになる。

　第四に，事業承継税制は，非公開会社の事業承継問題に焦点を当てているが，相続財産の法的性格を考慮することなく全ての資産に対して画一的税率を採用しており，さらに非公開会社以外の事業承継については何ら考慮されていないということが問題として指摘された。

　この批判は，ある意味で正しい。事業承継税制は，非公開会社の事業承継を念頭において改正案が練られ，非公開会社の事業承継において一定の成果をもたらした。しかし，事業承継税制は，相続財産の法的性格に対して配慮を加えることなく画一的な税率を採用しており，さらに，非公開会社以外の農業，宗教および医業等の領域の事業承継については何ら触れられていないという点に事業承継税制の限界が窺える。事業承継税制においては，法的性格を考慮して財産別に，そして事業形態を考慮して類型別にそれぞれ資産評価し，その資産評価額にもとづいて個々の実態に適応した税率により課税されるべきである。

　最後に，特に問題提起がなされてはいないが，事業承継税制にみられる不整合性について私見を述べる。富岡は，相続税本来の課税理念のあり方を踏まえ，現行課税システムの問題点や不合理性を解明し是正することを目的とし政策税制論や減税要求論議を否定し，特定の階層の利害や立場を代表したような税制改正論議を排除することに努めている[27]。

　しかし，現実的には，事業承継税制は，中小企業承継税制問題研究会，政府，与党自民党，関係省庁，関係団体等の関係方面からの意見を汲み上げながら調整と妥協に歳月を要した紆余曲折の歴史的経緯を有する。このため，一見して事業用と居住用が混在するという構成上の不備が指摘された。この非統一性の原因は，非公開株式と特例制度の資産評価において異なる基準を採用したことに求められる。例えば，前者においては評価通達にもとづいて資産評価がなさ

第2章　事業承継税制の概要　41

れ，後者においては立法化により評価方法が確立されている。このように，事業承継税制は未だ完成された課税制度とはいえず，今後も社会的欲求に対応して様々な税制改正作業を必要とし，類型別の事業承継税制の整備が必要である。

第3節　米国税制との比較

I　連邦遺産税と連邦贈与税

　本節では，わが国の事業承継が国際的にどのような存在であるかを検証するために米国の税制を考察する。米国の税制を比較対象として選定したのは，わが国の戦後税制が，米国から来日したシャウプの影響を強く受けながら整備されたためである。また，事業承継を取り巻く社会環境である戦後経済が，米国連邦政府からの影響を受けながら進展してきた点についても考慮した。

　そのため，本節では，わが国の相続税および贈与税に該当する存在である連邦遺産税および連邦贈与税について考察する[28]。

　欧州では中小企業の事業承継税制に関する種々の通達や勧告が欧州委員会から提出されているのに対し，米国では，特に事業承継を主たる目的とした税制は見当たらない。これに代わるものとして，米国では，中小企業者，農家および富裕者に対する遺産税負担の軽減を目的に相続人や家族が被相続人の事業に相続の前後一定期間従事した場合，事業用資産について130ドルまで非課税措置および事業用資産の評価を時価によらない小規模閉鎖事業用資産の延納制度等を容認している[29]。

　この措置は，納税者保護を重点としたものであり積極的に事業承継を支援した税法制度とは言い難く，それどころか，連邦遺産税自体が，今後，図表2-5のように段階的に最高税率を引き下げられ，2010年廃止が決定している[30]。ただし，今回の減税措置はあくまでも時限立法であり，2011年以降の減税については2010年に審議される予定である。

　米国の連邦遺産税は，死亡時点における財産の移転に対して課税されるが，

【図表2-5】 連邦遺産税の軽減税率推移

Year	Exemption Amount	Top Estate Tax Rate
2001	$ 1,060,000	55%
2002	$ 1,060,000	50%
2003	$ 1,060,000	49%
2004	$ 1,500,000	48%
2005	$ 1,500,000	47%
2006	$ 2,000,000	46%
2007	$ 2,000,000	45%
2008	$ 2,000,000	45%
2009	$ 3,500,000	45%
2010	NA	NA

(出所) Tax Relief 2001, *A Summary of Selected Provisions of the Economic Growth and Tax Relief Reconciliation Act of 2001*, The National Underwriter Company, 2001, p.66.

わが国の相続税との相違点は、被相続人と被相続人の死亡により被相続人の残した財産に対して権利を有する者との間の親等を重視した家族関係にもとづく税法制度ではないという点にある[31]。つまり、連邦遺産税は、移転された財産と移転されたとみなされる財産に対して適用される[32]。

わが国の事業承継税制は、家族関係を主体とする近親関係にある事業承継者に対する承継を想定としており、連邦遺産税のように、複雑な家族関係に囚われることなく単純に移転された財産と移転されたとみなされる財産に対して適用されるという課税概念であれば、事業承継者の事業継続を前提要件とした課税概念が誕生する下地は喪失し、これが米国において、特に、事業承継税制という課税概念が進展しなかった理由であると推測できる。

また、米国の連邦贈与税は、わが国の贈与税とは異なり、受贈者ではなく贈与者に対して課税される[33]。それに対して、わが国では、事業承継を想定として生前に有価証券および不動産等の財産を贈与した場合、承継者に対して相

続税よりもはるかに高税率の贈与税が課税されることになり事業承継問題を生起させる[34]。

既述のように，米国では，贈与者に対して課税される方式を採用していたため，受贈者を対象とした事業承継税制の整備に対して留意するという課税概念が生まれず，この結果，事業承継税制が進展しなかったといえる[35]。

Ⅱ　シャウプ勧告と事業承継税制

わが国の税体系は，シャウプ勧告に大きな影響を受けている。相続税および贈与税は，昭和24（1949）年から昭和28（1953）年までの数年間であるがシャウプ勧告の指導の下に税制の整備がなされ，財政上の実験としての意義を有すると評された[36]。

つまり，シャウプは，相続税および贈与税の一体化を目的として個人が生涯を通じて取得する財産を対象に財産取得者に対して遺産取得税方式の相続税と生涯累積課税方式の贈与税とを総合的に課税するという画期的な税法制度を提唱した。しかし，この税法制度は家族関係を重視し父子相伝を基盤とするわが国には馴染まず数年で瓦解する。

シャウプが，わが国の税体系，特に所得税および法人税に対して与えた影響力は多大であり大きな足跡を残したことは疑いのない事実ではあるが，前述のように非公開会社の事業承継に対する認識は皆無であったし，これは，ビジネス参入への機会均等を意識する合衆国の国民性によるものと理解することができる。

それどころか，「シャウプ勧告が発表された当時の反応をみると，相続税および贈与税に関するシャウプ勧告の提案に対して，むしろ中小資産階層に重税を課す」[37]という批判が向けられた。

小　　括

本章では，事業承継税制の概要について考察した。事業承継税制は，通商産

業省および中小企業庁が設置した中小企業承継税制問題研究会により研究が始められ，この研究成果を受けて政府税調も昭和58年度の税制改正に関する答申を発表するが，この答申の中では，中小企業者の円滑な事業承継を目的として格別な配慮を加えることが明記されている。

昭和58（1983）年から始まる事業承継税制は，非公開株式と特例制度の二つを主柱とし，円滑な事業承継を実現するため課税評価額の減少を目的としたび重なる改正が行われた。

しかし，事業承継税制については，批判的な見解も多くみられるため，本章では，これらの事業承継税制に対する批判的な見解について整理し，それらに対する私見を述べた。

事業承継税制に対する批判的な見解としては，第一に，事業承継と事業者承継とは異なる，第二に，事業承継税制は単なる政策上の産物にしかすぎない，第三に，事業承継税制は居住の用に供する宅地等部分にまで適用対象を拡大設定している，第四に，事業承継税制は相続財産の法的性格を考慮することなく全ての資産に対して画一的税率を採用しており，また非公開会社以外の事業承継についても何ら考慮されていない等の点が挙げられる。

第一の批判的見解に対して，事業承継税制が既存の事業が必ずしも新規の事業の阻害要件になっているとはいえないと反論できる。第二の批判的見解に対して，事業承継税税制とはあくまでも税務会計の原理論にもとづくものであり政策論ではないと反論できる。第三の批判的見解に対して，非公開会社における資産は現実的に事業用と居住用の二者に区分することは難しいと反論できる。第四の批判的見解に対して，事業承継税制が非公開会社のみを対象としているという点については検討しなければならない部分であるといえる。

さらに，本章では，事業承継税制の国際的な存在意義を検証することを目的として，米国の連邦遺産税および連邦贈与税との比較を試みた。

わが国の事業承継税制は，家族関係を主体とする近親関係を前提としているのに対し，連邦遺産税は，複雑な家族関係に囚われることなく単純に移転された財産等に対して適用される。これが米国において，事業承継税制が進展しな

かった理由であると推測できる。

また，わが国では贈与税が受贈者を対象としているのに対し，米国では贈与者に対して課税されており，これが受贈者を対象とした事業承継税制が生まれなかった原因といえる。

注
（1） 昭和58年度税制改正においては，税負担の公平化と適正化を一層推進するという観点から税制の見直しを行うことを基本方針として，特に中小企業者の相続税については中小企業の円滑な事業承継を目的として格別の配慮を加えることとされた。
（2） 中小企業承継税制問題研究会は，大阪商工会議所，全国青色申告会総連合，全国商工会連合会，全国中小企業団体中央会，全国法人会総連合，中小企業事業団，東京商工会議所，日本公認会計士協会，日本商工会議所および日本税理士会連合会（五十音順）等の中小企業関係団体の代表と，通商産業省および中小企業庁の担当者，学術経験者および報道機関関係者等を委員として構成された。
（3） 報告書は，中小企業承継税制問題発生の背景と研究会発足までの経緯（序章），事業承継税制問題の重要性（第1章），現行相続税制の基本的問題（第2章），検討すべき課題と改善策（第3章），今後の検討課題（第4章）により構成されている。
（4） 通商産業省および中小企業庁は，中小企業の事業継続の円滑化に資するため，(1) 中小企業者が相続する取引相場のない株式について評価方法等を改善し，(2) 事業用または居住用土地の相続税の課税価格の4分の1（現行20％評価減）とする要求をした。
（5） 中小企業承継税制議員連盟は，「近年の中小企業の事業承継時に，過大な相続税負担額が問題となっているとし，その是正のために，昭和58年度においては，同族法人の株式評価方法の改正を目指し，同様に個人事業についてもその事業用財産の評価方法を改正すべきである」と決議している。
（6） 日本税理士会連合会は，「生前贈与制度，納税猶予制度，土地の評価，取引相場のない株式の評価，物納および延納制度，相続税および贈与税の基礎控除等の問題点を，多方面から検討し，国民生活や企業経営を取巻く社会経済環境に即した合理性を有する事業承継税制とすることが望ましい」と建議している。
（7） Lの割合とは，総資産価額および従業員数または直前期末以前1年間における取引金額に応じて決められた割合のことである。なお，併用方式は，このLの割合を用いて次のような計算式により算定される。併用方式＝類似業種比準価額×L＋1株当たりの純資産価額×(1－L)
　　　（出所）熊谷安弘『株式の評価（第4版）』中央経済社，2003年，53ページ。
（8） 品川芳宣「措置法69条の4の廃止と評価通達の関係」『税理』2005年5月号に詳しい。
（9） 緑川正博『非公開株式の評価―商法・税法における理論と実務―』ぎょうせい，2004年，115ページに詳しい。

(10) 同上　123ページ。
(11) 粕谷晴江「株式及び出資の評価，現行評価の問題点と改革の方向」北野弘久・小池幸造・三木義一編『争点相続税法［補訂版］』勁草書房，1996年，323-335ページに詳しい。
(12) 非公開株式の利益操作等を含む節税方法としては，以下の手法を挙げることができる。
　　① 公開会社の株式との合併により株式の流通性（市場性）を確保する。
　　② 公開会社の株式の売却損と相殺することにより利益を相殺する。
　　③ 売買（譲渡）により納税資金を確保する。
　　④ 株式数の増資により株式評価を引き下げる。
　　⑤ 配当操作することにより株式評価を引き下げる。
　　⑥ 従業員持株会を設立することにより社外流出を防ぎ安定株主を確保する。
　　⑦ 会社分割することにより親会社の株式評価の上昇を抑制する。
(13) 類似業種比準価額の3要素（年配当金額・年利益金額・簿価純資産価額）のうちの2要素が原則的に3年間ゼロの場合，Lの割合は，類似業種比準価額（0.25）に対して純資産価額（0.75）の割合となる。
(14) 固定資産税の計算では，200 m^2 以下の面積部分（小規模住宅用地）について固定資産税評価額の6分の1倍とする軽減措置が講じられ，また，床面積の10倍を上限とする200 m^2 超の面積の部分（一般住宅用地）について固定資産税評価額の3分の1倍とする軽減措置が適用される。
(15) 森信は，事業承継税制の意義について「『『息子』への事業の承継つまり『事業者』の承継に税制優遇する社会的意義は少ない。一方では，親の財産を一切あてにできないが事業意欲のある若者が大勢存在しており，彼らの新規事業への参入という観点からは，このような相続税の優遇措置は，阻害要因となっている」と懐疑的な見解を示す。さらに，森信は，事業が経営能力のある従業員や事業意欲のある個人（他人）にも承継（譲渡）されるような市場（マーケット）ができて，譲渡される場合のキャピタルゲインに何らかの優遇措置を与えることを考えることの方が社会全体としては重要であると提言する。
　　　（出所）森信茂樹『日本の税制　グローバル時代の「公平」と「活力」』PHP新書，2001年，149ページ。
(16) 石は，「相続税の課税対象の狭さからみても，その税負担の重さに廃業を強いられた中小企業が，現在そんなに多いとはにわかに信じ難い。事業承継にあたり株式の課税評価が問題なら，それを改める程度で十分であろう」と説明する。
　　　（出所）石　弘光『税制スケッチ帳』時事通信出版局，2005年，142-143ページ。
(17) 小池正明「討論相続税制の再検討」発言。
　　　（出所）日本租税理論学会編，『相続税制の再検討』租税理論研究叢書13，法律文化社，2003年，126-127ページ。
(18) 大淵は，「現行の評価基本通達の評価方法には，非上場株式等の売買実例が全く斟酌されていないという矛盾もある。このことは非上場株式等の時価の評価方法は評価基本通達の評価方法以外は認めないという，硬直的な強制的効力をもって運用されて

いるということである。非上場株式等の売買実例の価額は客観性のある交換価額ではないという前提があるのであろうが，所得税法等の非上場株式等の時価評価をみれば，売買実例を斟酌する方法も認められて良いと考える」と説明する。
　　　（出所）大淵博義「事業承継税制に関する意見―非上場株式等の評価を中心として―」『中間報告』【附属資料39】2001年8月，206ページ。
(19)　小池正明「相続税制の再検討―現行相続税制の実務上の問題点」日本租税理論学会編，前掲書，86ページ。
(20)　賃貸マンションの敷地が10億円の場合には，以下のように資産が評価減する。
　　　①　賃貸マンションの全室を賃貸したケースの評価減
　　　　　1,000,000,000 円 − 1,000,000,000 円 × 50 ％ = 500,000,000 円
　　　②　賃貸マンションの一部を自宅使用したケースの評価減
　　　　　1,000,000,000 円 − 1,000,000,000 円 × 80 ％ = 200,000,000 円
(21)　田中は，「事業承継税制のなかで，評価を減少させることは一つの手法にすぎない。その政策目的や効果を考えて，課税の繰延べや納税の猶予などの別の手法を用いて制度を設計することも考えられるであろう」と述べる。
　　　（出所）田中　治「相続税制の再検討―相続財産の評価をめぐる法的諸問題」日本租税理論学会編，前掲書，54ページ。
(22)　北野は，「評価制度を含めて，相続の態様に応ずる課税の仕組みが類型的に区別して構築される必要がある」と述べる。さらに，北野は，「相続の態様を農家相続，中小企業相続，資産家相続等のいくつかに類型化し相続財産の評価において各類型に合致した課税価格（評価方法），税率，納税方法等を採用すべきである」と提唱する。
　　　（出所）北野弘久『現代企業税法論』岩波書店，1994年，384-385ページ。
(23)　高野は，「『事業承継』と『事業者承継』とは異なるとの意見は傾聴に値するものがあるように解されるが，『既存事業の承継が』」必ずしも『新規事業への参入』の阻害要因になっているとはいえないように解される。例えば，農業の事業承継がヴェンチャー・ビジネスを始めようとする者の阻害になるとは考えにくいからである」と述べる。
　　　（出所）高野幸大「相続税の存在意義等の法的検討」日本租税理論学会編，前掲書，70ページ。
(24)　富岡幸雄「討論相続税制の再検討」発言。
　　　（出所）日本租税理論学会編，前掲書　129ページ。
(25)　北野は，非公開会社の事業承継税制を基礎づける憲法理論として次の二点を示す。第一は，生存権の対象になる中小企業の位置づけであり，日本国憲法第25条（生存権の保障）および同第29条1項（生存権的財産のみを人権として保障する）を憲法上のよりどころとする。第二は，事業承継税制の存在意義について，憲法上の「生存権的要請」であり，老舗を維持することは各地域社会の豊かな環境を確保することにも繋がり日本国憲法第29条以下（地方自治）をそのよりどころとする。このように，北野は富岡レポートの欠落点として憲法規範論をとりあげ，そして，事業承継税制の憲法上のよりどころについて明示する。
　　　（出所）日本租税理論学会編，前掲書，133-134ページ。

(26) 富岡幸雄『事業推進型承継税制への転換―事業承継税制の推移と改革構想―』ぎょうせい, 2001年, 61ページ。
(27) 同上 60ページ。
(28) 米国の租税制度の特徴は, 個人と企業に対する所得税にウエイトが置かれていることや, 国と州政府がそれぞれ独立した課税権を有していること等にある。そして, 連邦と州および地方との租税歳入の間には, 重複がみられ租税構造もいちじるしく異なっている。
　　　(出所) 大淵利男・上杉栄市・大淵三洋『〔改訂版〕租税の基本原理とアメリカ租税論の展開』評論社, 1992年, 277ページ。
(29) 中間報告, 167-173ページに詳しい。
(30) Tax Relief 2001, A *Summary of Selected Provisions of the Economic Growth and Tax Relief Reconciliation Act of 2001*, The National Underwriter Company, 2001, p. 66.
(31) Richard L. Doernberg ,*International Taxation in a Nutshell, Third Edition,* West Publishing Company .Registered in the U. S. 1996, chapter 14. 川端康之監訳書『アメリカ国際租税法 (第3版)』清文社, 2001年, 272ページ。
(32) Internal Revenue Code Section 2011,2013, 2101, 2102. 川端前掲監訳書, 278-280ページに詳しい。
(33) Internal Revenue Code Section 2502 (c), 6324 (b). 同上, 280ページに詳しい。
(34) わが国の贈与税の税率は相続税よりもはるかに高く, 例えば, 同じ最高税率50％が適用される場合でも, 相続税が法定相続分に応ずる各人の取得金額3億円が課税対象となるのに対して, 贈与税は基礎控除後の金額1,000万円超が課税対象となる。
(35) 事業承継税制という名称ではないが, 1997年納税者救済法 (Taxpayer Relief Act of 1997) において, 一定要件を充した者を対象として, 事業用資産に係る非課税措置等の納税者に対する減税規定が設けられている。
(36) M.Bronfenbrenner and K.Kogiku. The Aftermath of the Shoup Tax Reforms:Part1, *National Tax Journal*,Vol.X No.3,September,1957,pp.240-241.
(37) 神野直彦「シャウプ勧告の相続税・贈与税」社団法人日本租税研究協会編『シャウプ勧告とわが国の税制』日本租税研究協会, 1983年, 168ページ。

《備考》

　参考までに欧州の事業承継税制概要について概説する。欧州においては, 事業承継税制の整備が進展している。これは, 伝統的なギルドがもたらした産物という可能性もあり, 老舗の暖簾や匠の伝承技術を重んじるわが国の国民性との同質性も窺える。例えば, 英国では, 相続の2年前から当該事業用資産を保有しているなどの一定の要件を満たした場合には, 事業会社 (個人経営を含む) の事業用資産および株式の相続については, 100％税額軽減される (ただし, オーナー個人所有の土地を法人に貸すようなケースでは50％税額軽減となる)。また, フランスでは, 相続後5年間は事業を継続しなければならないなどの一定の要件を満たした場合には, 事業用資産および株式の相続については50％税額軽減される。そして, ドイツでは, 相続後5年間は

事業を継続しなければならないなどの一定の要件を満たした場合には，事業用資産および株式の相続については50万マルクを控除したうえで40％税額軽減される。既述のように，英国，フランス，ドイツなどの欧州主要国においては，事業承継税制が実施されている。わが国の事業承継税制との相違点は，相続開始2年前からの事業用資産の保有や相続後5年間の事業継続を要件としているところにある。わが国の事業承継税制においても，事業承継を恒久的な事業承継者の確保のための税制と位置づけるのであれば，事業承継後の一定期間の事業継続期間の設定について考慮されるべきである。

（出所）中間報告，158ページ。

第3章　事業承継手法の検討

　第1節では，事業承継における自己株式の活用について，平成18（2006）年度税制改正を中心に資産評価および納税方法について考察する。本改正において事業承継上留意すべき改正点は，次の二つである。第一に，非公開株式の物納に係る許可基準が緩和された。第二に，同族会社の留保金課税制度の抜本的な見直しが行われた。第一の改正点は，事業承継時の納税方法の範囲を拡大させた。第二の改正点は，類似業種比準方式の評価方法に影響を与えることになる。第2節では，M＆Aの増加により生じてきた経営者の子弟および親族に依存しない事業承継のあり方について税務事例をもとに考察する。また，新しい事業承継の評価方法としてDCF法（discounted cash flow）の採用についても検討した。第3節では，事業承継における資金調達の方法として注目を浴びているLBOおよび株式公開について考察する。第4節では，相続財産の約6割を占める土地等について，特例制度，借地権設定および土地信託方式を中心に考察する。

第1節　事業承継における自己株式の活用

I　自己株式の改正

　自己株式とは，企業がその発行済み株式のうち，自ら取得し保有する株式のことであり，金庫株と称する。従来，自己株式の取得は原則的に禁止されてい

たが，平成13（2001）年の商法改正により商法210条が改正されて「別段の定めがある場合を除いて，定時株主総会の決議により自己株式を買受けることができる」（改正商法210①）とされた[1]。本改正を受けて，非公開会社は，事業承継上の相続税納税資金の捻出策の一環として自己株式を活用している。しかし，この場合に，自己株式の買い取り価額をどのように決定するのかということが問題点として浮上する。なぜならば，公開会社の株式ならば適正な時価によることができるが，非公開株式においてはその評価が難しいからである。

また，平成18（2006）年度税制改正においては，中小企業の事業承継の円滑化に資する税制の整備のため非公開株式の物納に係る許可基準が緩和された。

このため，事業承継者は，非公開株式を用いた相続税の納税方法として図表3-1のように，（1）発行会社に自己株式を買取らせる方法（だだし，発行会社は，配当可能利益額に法定準備金の取崩しまたは資本の減少を行う決議をした場合の取崩し額または減少額を加算した合計額の範囲内で株式を取得できる）と，（2）非公開株式を物納に用いる方法の二択を選択することが可能となった。

前者は，以下の手順により行う。①事業承継者は，経営者から株式を相続する。②事業承継者は，発行会社に株式を譲渡する。③事業承継者は，発行会社から売却代金を受領する。④事業承継者は，課税庁に上記③の売却代金を相続税として納付する。また，後者は，以下の手順により行う。①事業承継者は，経営者から株式を相続する。②事業承継者は，相続した株式を課税庁に物納する。③発行会社は，課税庁より株式を買い戻す。

事業承継者である相続人が，発行会社から相続により取得した非公開株式を譲渡（売却）した場合，当該株式の譲渡価額が資本等の金額を超えるときにはみなし配当課税（総合課税）が行われる。そして，資本等の金額が株式の取得価額を超えるときには，その差額である株式の売却益に対して譲渡所得（分離課税）が行われる。

なお，譲渡所得を含む所得税の計算方法については，補足資料①に載せた。

しかし，事業承継者である相続人が，相続した株式を相続発生後3年10ヶ月以内に発行会社である非公開会社に対して売却した場合に，一定要件を満た

【図表3-1】 非公開株式を用いた相続税の納税方法

(1) 発行会社に株式を買取らせる方法

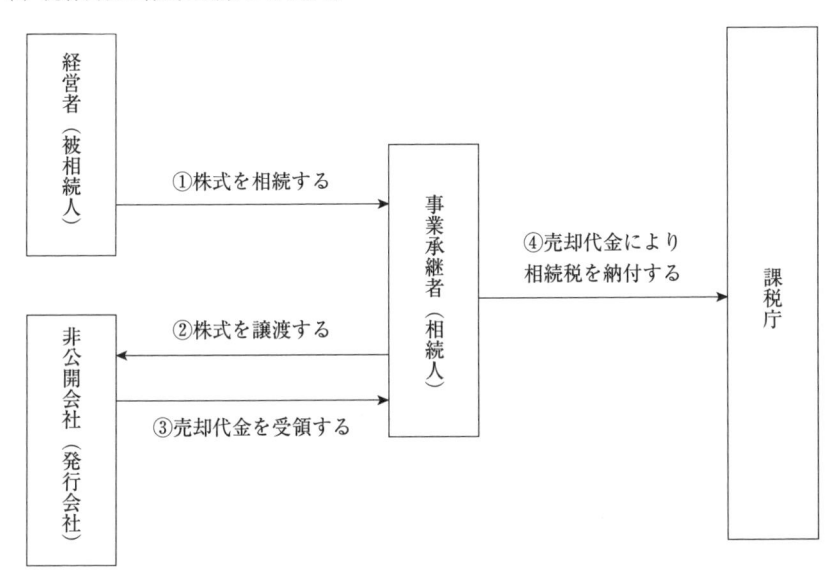

```
経営者（被相続人） ──①株式を相続する──→ 事業承継者（相続人） ──④売却代金により相続税を納付する──→ 課税庁

非公開会社（発行会社） ←──②株式を譲渡する── 事業承継者（相続人）
非公開会社（発行会社） ──③売却代金を受領する──→ 事業承継者（相続人）
```

(2) 非公開株式を物納に用いる方法

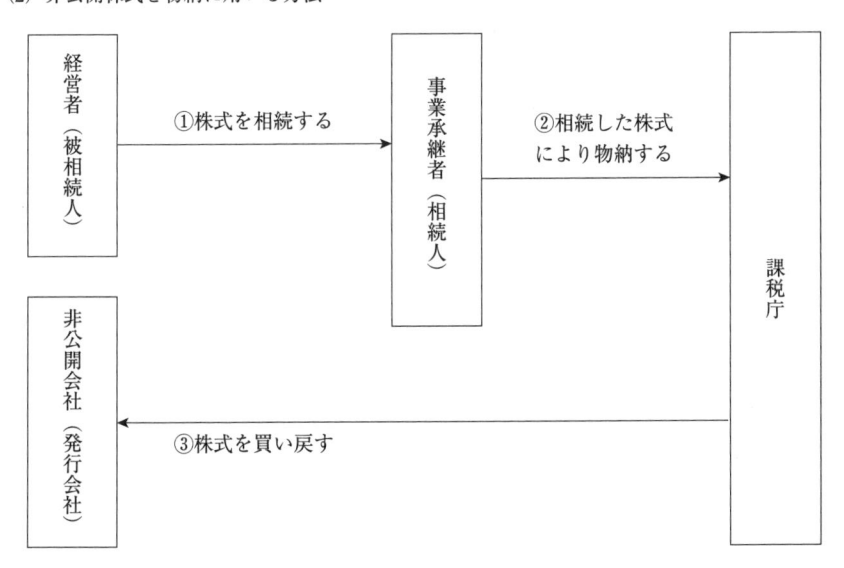

```
経営者（被相続人） ──①株式を相続する──→ 事業承継者（相続人） ──②相続した株式により物納する──→ 課税庁

非公開会社（発行会社） ←──③株式を買い戻す── 課税庁
```

せばみなし配当課税は行われず譲渡所得課税のみが適用となる[2]。このように，非公開会社が自己株式を取得し，それを物納に活用することを容認した平成13（2001）年の商法改正および平成18（2006）年度税制改正は，非公開会社の事業承継に大きな影響を与えた[3]。

II　自己株式の評価

非公開会社が自己株式を取得した場合の評価方法としては，①純資産価額方式，②類似業種比準方式，③配当還元方式，④収益還元方式，⑤併用方式などが挙げられる。

第一に，純資産価額方式とは，事業承継の時点で評価対象会社を清算したと仮定して，一株当たりの純資産価額を算定する評価方法である。この方法は，裁判所の株価決定の際に支配株式のケースで採用される。しかし，現在の業績は評価に考慮されず過去の含み益を評価に反映させるため，仮に欠損会社であっても評価額が高く算定される[4]。

第二に，類似業種比準方式とは，業務内容が類似している公開会社を標本会社として選定し配当金額，利益金額および簿価純資産価額の三要素にもとづいて，評価対象会社と標本会社とを比較することにより算定する評価方法である。しかし，この方法は，「評価対象会社と規模，業種，事業内容が類似している標本会社が複数あり，その平均値が得られる場合に適している」[5]といえる。しかし，比較対象に用いる標本会社の数値選定により評価会社の評価額が大きく変動する可能性がある[6]。

第三に，配当還元方式とは，企業の配当実績を示す1株式あたりの直前期末以前2年間の平均配当額を基準にして，この年平均配当額を一定の資本還元率で除することにより算定する評価方法である。この方法は，一般投資家を売買対象とする場合，最も合理的な算定方法と評され，同族株主等以外の少数株式を所有する株主に対して適用される[7]。

第四に，収益還元方式とは，企業の1株当たりの予想利益を一定の利回りで資本還元して算定する評価方法である。この方法は，「会社のフローとしての

収益・利益に着目し，株式を評価するものである。この方法により算定された株価は，会社の動的価値を表現し，継続企業を評価する場合において理論的にも最もすぐれた方法であるといわれている。他方，将来の収益，利益の予想という根拠に不確定要素が入る欠点を持っている」[8]と評される。

第五に，併用方式とは，前述の評価方法のうちからいくつかを選択して（按分による併用割合を用いる）株価を算定する評価方法であるが，非公開株式は，併用方式にもとづいて算定されるべきであるという評価方法を確立させたのは，「譲渡制限株式売買価格決定抗告事件」（東京高裁・昭51（ラ）831・昭51.12.24判決）である。同判決では，純資産価額方式（50％）と類似業種比準方式（50％）との併用による評価方法が適用された。この併用方式で用いる併用割合は，評価対象会社の経営状況により異なる。例えば，「定款変更の譲渡制限規定反対，抗告」（大坂高裁・昭58（ラ）195・昭60.6.18判決）では，評価対象会社が大幅な経常赤字を計上しており業績向上が見込まれないため，純資産価額方式にウエイトを重く置いたという判決理由により，純資産価額方式（40％），収益還元方式（30％），配当還元方式（30％）と判決されている。また，「譲渡制限を設ける定款変更による価格決定の抗告」（最高裁・昭63.1.29判決）では，売上高の増加とそれに伴い利益の向上が見込まれるため収益還元方式にウエイトを重く置いたという判決理由により，純資産価額方式（40％），収益還元方式（60％）と判決されている。

このように，併用方式の併用割合については，評価対象会社の経営状況により異なる。併用方式は，事業内容や経営状況などの企業業態を画一化することが難しいという点を考慮した場合，種々の評価方法を企業実態に合わせて適用できるというメリットを有する。そのため，裁判所では，株式評価に客観性もたせるために併用方式を採用するケースが多くみられるが，企業の採用した評価と裁判所の裁定とは，必ずしも一致しない[9]。

しかし，「一つ一つをとると信頼できない数値をやみくもに複数よせ集めると信頼できる数値になるとは思われない」[10]と批判される。このように，いずれの評価方法を採用するかにより評価額は大きく変化する。

通常,企業は,最も低額な株価が得られる評価方法の採用に関心を示す。例えば,利益金額および配当金額が大きい企業は,純資産価額方式を採用したほうが評価額は小さくなり,そして含み益が大きい企業は,類似業種比準方式を採用したほうが評価額は小さくなる。

また,平成18(2006)年度税制改正においては,同族会社の留保金課税制度の抜本的見直しが行われたが,これは非公開株式の評価に影響を与える。なぜならば,類似業種比準方式を採用する場合には,1株当たりの類似業種比準価額は,図表3-2のように配当金額と利益金額の多寡に左右されるからである。このため,実務において株価の評価額を引き下げるためには,非経常的な配当である特別配当等を活用しながら期間の配当を抑制するという手法が採られる[11]。なお,この留保金課税制度の改正が非公開株式に与えた影響については後述する。

つまり,平成18(2006)年度税制改正は,留保金課税制度に関して,次の三点を改正した。第一に,同族会社の留保金課税制度の対象となる法人を同族関係者三グループで株式等50%超保有から同族関係者一グループで株式等50%超保有の企業に限定した。第二に,留保控除額の所得基準が所得の35%から50%(大企業は40%)に引き上げられ,同時に定額基準も2,000万円に引き上げられた。第三に,自己資本比率が30%に達しない場合には到達するまで留保金課税はしないという自己資本基準が設けられた。このため,中小企業の内部留保が充実する。

本改正は,非公開株式の評価に影響を与える。例えば,類似業種比準方式を

【図表3-2】 1株当たりの類似業種比準価額の計算方法

1株当たりの類似業種比準価額=類似業種の株価×比準割合×斟酌率 (注) 比準割合は,配当金額,利益金額,簿価純資産価額の3要素により構成される。 ※詳細な計算方法は,図表2-4に表示する。

用いた場合には，配当金額を抑制すれば評価額を抑制することができたが，逆に留保金課税の対象となることも考えられた。ところが，平成18（2006）年度税制改正により留保控除額の所得基準が，図表3-3のように所得の35％から50％にまでに引き上げられたため，留保金課税の対象が改正前よりも大きく低下することになり留保金課税のケースが減少したのである。

Ⅲ　自己株式の物納

相続税法第41条第1項は，「税務署長は，納税義務者について第33条又は国税通則法第35条第2項の規定により納付すべき相続税額を延納によっても金銭で納付することを困難とする事由がある場合においては，納税義務者の申請により，その納付を困難とする金額を限度として，物納を許可することができる」として金銭租税に代わり物納を容認している。そして，同第41条第2項は，物納できる財産の一つとして自己株式の存在をあげている。

既述のように，相続税法では，自己株式による物納が容認されているにもかかわらず，実務的には，物納不適格財産について明確化されていないため，自己株式による物納は難しかったが，平成18（2006）年度税制改正により自己株

【図表3-3】　留保控除額の改正

● 改正前

所得等		
内部留保	支払配当	法人税等
留保控除額 （35％）	留保金課税対象	

● 改正後

所得等		
内部留保	支払配当	法人税等
留保控除額 （50％）		

*　税額＝｛所得等－（法人税等＋支払配当）－留保控除｝×税率

式による物納が可能になった。

この平成18 (2006) 年度税制改正は，非公開会社の事業承継の円滑化に資する税制の整備を目的として，図表3-4のように非公開株式の物納許可基準を明確にし，物納手続についても緩和した。このため，非公開会社の事業承継者が物納する際に自己株式を活用するケースが増えると予測される[12]。

また，相続税法第43条第1項は，物納財産の収納価額について「課税価格計算の基礎となった当該財産の価額による。ただし，税務署長は，収納の時までに当該財産の状況に著しい変化が生じたときは，収納の時の現況により当該財産の収納価額を定めることができる」と規定している。前述の著しい変化が生じたときには現況により資産評価を行うことができるという規定は，必ずしも時価評価を前提としているわけではなく，土地の地目変更，家屋の増床や損壊，借地権の設定や解消および株式の出資や減資等の当該財産を巡る権利関係の変化のことを指している。

【図表3-4】 非公開株式の物納許可基準

	改正前	改正後
物納適用要件	非公開株式は買受確認書が提出されている（注1），または優良法人で売却が確実に見込まれる（注2）ケースに限定して容認される。	非公開株式は，物納不適用要件に該当しなければ，すべて物納適用として容認される。ただし，一定条件が付加されている（注3）。
物納不適用要件	非公開株式は，譲渡に関して定款に制限がある，または売却できる見込みのないケースが該当する。	非公開株式は，譲渡制限がある株式のみが該当する。

(注1) 直前期の貸借対照表，損益計算書，財務諸表付属明細書および直近二期の利益処分報告書等の添付が必要となる。
(注2) 直近二期の当期利益が黒字計上されており，総資本経常利益率，売上高経常利益率および総資本回転率のうちの2つが同業種の平均値を超えており，配当可能利益を有していることが優良法人の業績要件となる。
(注3) 課税庁の要請に応じて有価証券届出書および目論見書または有価証券通知書を提出する旨の確約書と評価資料を提出する旨の確約書の添付が必要となる。

例えば，甲社の保有している自己株式が5倍の評価となり，これを物納した場合には次のような会計処理となる。つまり，事業承継時の評価額が5倍に上昇した自己株式は，5倍に膨れ上がった自己株式を含む総資産に対して相続税が課税されるが，逆にその膨れ上がった株式評価額をもって物納金額とすることも可能となった[13]。

このように，納税者が発行価額100の自己株式を500で物納したならば，400の評価差益が生じることになり納税者にとって有利に作用するが，物納許可を受けた者と否認された者との間に課税上の不公平感を生む。

① 株式購入時
　（借）甲 社 自 己 株 式　　100　　（貸）現　金　預　金　　100
② 株式物納時
　（借）相 続 税 納 税 資 金　500　　（貸）甲 社 自 己 株 式　500

また，物納による納税は納税者に対して納税資金の調達面における便宜を図ることになり，富の再分配という相続税制の理念に反している。さらに，物納申請は，申請書の提出後の審査にかなりの期間を要するため，数年の審査を経て変更要求や却下となった場合には延滞税が課税されることになり，この点でも納税者に不利益を生じさせる可能性がある。

第2節　事業承継における同族外への株式移動

I　同族外への株式移動の税務事例

平成18（2006）年度税制改正により実質一人会社の役員報酬の損金算入が制限され，留保金課税制度も改正された。この改正によって，特殊支配同族会社からの除外適用要件を満たすためには同族外に10％超の株式移譲が求められることになり，非公開会社における同族外株主の増加が予測される。

一方，平成18（2006）年5月1日の会社法施行に伴い，会社法第174条は，「株式会社は，相続その他の一般承継により当該株式会社の株式（譲渡制限株式に限る。）を取得した者に対し，当該株式を当該株式会社に売り渡すことを請求することができる旨を定款で定めることができる」と規定した。つまり，株式譲渡制限のある非公開会社は，相続に伴う譲渡制限株式の移転時に株式の取得者に対して当該株式を発行会社に売却することを請求できる旨を定款により定めることが可能になった。

この会社法は，会社経営者との近親関係のみをよりどころに後継者たる資質を有しない事業承継者を排除できるばかりでなく，同族外への株式移動に伴う株式の分散化に対しても一定の抑止力を有することになる。

非公開株式の同族外への移動と評価については，東京地裁平成17（2005）年10月12日判決がある[14]。同事件の概要について簡潔に述べておく。非公開会社の会長（甲）は，取引先の会長（乙）に対して同社株式を1株あたり100円で譲渡した。しかし，甲は，その半年前に金融機関5行に対して同社株式を1株あたり平均794円で譲渡していたため，その差額部分が低額譲渡にあたるとみなされた。同判決は，評価通達総則6項（以下，「総則6項」とする）の適用による課税処分を取り消した最初の確定判決である。

総則6項は，「この通達の定めによって評価することが著しく不適当と認められる財産の価額は，国税庁長官の指示を受けて評価する」と規定する。本件は，この総則6項を受けて非公開会社の会長（以下，「甲」とする）が同社株式を取引先の会長（以下，「乙」とする）に対して譲渡した行為を，相続税法第7条の低額譲渡に該当するとし，課税庁が贈与税の決定処分および無申告加算税付加決定処分の対象としたことに端を発する。

配当還元方式により評価できる株主については，評価通達188が規定する。裁判所は，「乙は，会社に対する支配権を有しておらず配当受領に伴う利益獲得以外には経済的利益を享受することがない」と判断し，評価通達188の規定にもとづいて，配当還元方式による評価を支持した。また，裁判所は，本件のケースでは特別の事情とは配当還元方式によらない特別の事情のことを指し，

これを立証できないかぎり特別の事情の存在について説明することができないとし,さらに類似業種比準方式の合理性についても否定した[15]。

本判決は,同族外への株式移動の事例の一つとして高く評価されている。本件で取り上げた配当還元方式については,「配当還元方式という有利な評価方法が同族グループ内の場合には持ち株割合5％未満の株主に限定されていることの合理性は確かに問題があるが,この措置を違法とするには,通達による評価額が時価を超えていることの立証が要求されるといえよう」[16]とその採用の是非について説明される。

II 従業員持株会の活用とDCF法

非公開会社における同族外への株式移動の事例としては,従業員持株会の活用が考えられる。

一般的に,従業員持株会は,会社の経営権を握るオーナー一族から従業員への株式譲渡または第三者割当増資にもとづいて設立される。

従業員持株会における譲渡価額および発行価額は,従業員持株会の規約に明示される。そのため,株式の発行会社が従業員（相続人を含む）から株式を買い取る場合の株式評価が問題となる。なぜならば,従業員持株会の規約により配当還元方式を買取株式の評価方法として採用した場合には,他の原則的評価方式を採用した場合に比べて低い買取価額となるが,必ずしもこの買取価額をもって相続税の財産評価額とすることができないからである。

相続税および贈与税における財産評価は,評価通達をよりどころとする。評価通達一（2）は,「財産の価額は,時価によるものとし,時価とは,課税時期において,それぞれの財産の現況に応じ,不特定多数の当事者間で自由な取引が行われる場合に通常成立すると認められる価額をいう。その価額は,この通達の定めによって評価した価額による」とする。

従業員持株制度を取りあげた税務事例としては,「代表取締役（同族株主）が従業員持株制度を利用して,従業員間の取引価額で取得したことが低額譲受けとされた事例」（仙台地裁・昭59（行ウ）7・平成3.11.12判決）が挙げられ

る[17]。

本件では，相続税法第7条により，従業員から同族株主への譲渡価額が著しく低額であるか否かが争われ，「会社の意思決定権を有する同族株主とそれ以外の者とでは，経済的な面も含め存在価値が異なるのであるから株主の態様に応じた株式評価方法を採用すべきである」と判決された。

本判決は，買取価格の定められている非公開株式の同族外への移動とその評価に対する指標としての役割を担う。

現行税制（特に，所得税法および相続税法）は，憲法の応能負担原則および超過累進税率による課税方法を採用するが，これは納税者の所得および財産の多寡に応じて課税すべきことを要請する原則である[18]。

DCF法とは，時間的要素を考慮に入れた方が長期の投資においては厳密に投資の経済性を計算することができるため，この時間的要素を前提とした計算方法のことをDCF法と呼ぶ[19]。応能負担原則を実現するためには，評価通達に依存する評価方法から脱却し，DCF法の採用について検討すべきである[20]。

また，DCF法の採用を提唱する理論的根拠としては，異なる資産を「収益率」という同一尺度で評価することができることにある[21]。

代表的なDCF法としては，現在価値法（present value method），修正現在価値法（adjusted present value method），内部利益率法（internal rate of return method）の三方法があげられる。しかし，非公開株式の評価においては，実務事例が皆無であるため，いずれの方法が優れているかを論じることは現時点においては難しい。以下，三方法について考察する。

第一に，現在価値法とは，当該会社から将来的に獲得することが期待できると予測されるキャッシュ・フローに着目し，それを現在価値に割り引く。つまり，現在価値法は，将来の資金の流出入の予測を前提にして，これを一定の割引率を用いて現在価値に引き戻すという考え方を前提にして計算を行う。このため将来の期間設定は，5年程度（最長10年）の期間が適当である。これ以上長い期間を設定すると将来の変動リスクを予測することが難しくなるからである。

第二に，修正現在価値法とは，投資のキャッシュ・フローを，自己資本で賄ったケースのキャッシュ・フローと，他人資本で賄ったケースのキャッシュ・フローとに分類し，それを前者は一定の割引率で，後者は金利でそれぞれ個別に割り引いて算定し，最終的に合算する方法である(22)。

第三に，内部利益率法とは，キャッシュ・フローの金額の多寡にはとらわれることなく，各期間のキャッシュ・フローの時間価値に注目し，割引計算を行って一定の年利回りでその収益性を算定する方法である(23)。

既述のようにDCF法は，時間的要素を考慮に入れてより厳密に経済性を計算することができ，キャッシュ・フローを計算基盤とするため恣意性の強く働く利益を排除できるというメリットを有する。しかし，DCF法は，将来のキャッシュ・フローの予測数値を前提とするため，その数値を正確に把握することが難しく，割引率に明確な基準設定が設けられていないというデメリットも有する。

資産評価は，特に，非公開株式においては，採用する測定方法により資産価値が変動する。しかし，DCF法は，利害関係者の恣意性を排除して，収益率という同一尺度を用いて，異なる資産を評価できるという点で優れており，事業承継時の非公開株式評価においては最適な方法であるといえる。

第3節　事業承継におけるLBOと株式公開

I　LBOの手順と買取価格

M＆A，特に敵対的M＆Aにおいて，LBOは有効な手段として位置づけられる。このLBOは，「会社を買収する際に，買収会社（買い手）自身の自己資金や借入金または株式を対価とするのではなく，ターゲット会社の資産や将来のキャッシュ・フローを担保として資金調達を行う方法のことであり，自己資金の乏しい経営陣などにとっては極めて有効な手段である」(24)といえる。

つまり，LBOとは，投資家や企業が買収会社を設立し，被買収会社の将来

のキャッシュ・フロー等を担保として調達した資金で被買収会社の所有する株式を取得して吸収合併する方法である。例えば，ソフトバンクは，LBOを用いて共同主幹事7金融機関（ドイツ銀行・みずほコーポレート銀行等）から1兆2800億円の資金を調達し，英ボーダフォン日本法人の買収に成功している。ただし，このケースでは，買収主体となったのは，子会社のBBモバイルであり，同社は，平成18（2006）年4月4日から英ボーダフォンの日本法人に対してTOBを実施し，同年4月27日に1兆7500億円で買収を完了している。

また，LBOは，経営者が事業承継を実行する場合にも有効な方法であるが，自己株式を活用した事業承継とは異なる。なぜならば，自己株式を活用した事業承継は，経営者である被相続人の死亡による相続を前提としているのに対し，LBOを活用した事業承継は経営者の生存を前提とするからである。

既述のように，LBOは経営者の高齢化に対応して生前に事業承継者に対して非公開株式を移転する際に事業承継者の株式確保を目的として活用される。

このLBOは，図表3-5のような手順により実施される。①事業承継者の出資により受皿会社となる新会社（甲社）を設立する。②甲社は，金融機関および投資会社などから融資を受け資金を確保する。③既存会社（乙社）の株主から株式の譲渡を受ける。④乙社を存続会社として新会社（甲社）を消滅会社として両社を合併する。

既述のように，LBOでは，金融機関などからの融資を前提としているため，受皿会社となる新会社に対して金融機関等から売上高，営業利益および経常利益等に対する目標数値が設定されたり，経営面における重要事項に関して金融機関の事前承認が求められる。

しかし，このLBOによる事業承継においては，企業価値を示す株式等の買収価格を評価することは容易ではない。なぜならば，株式が市場価格を有している場合には，その市場価格にもとづいて買収価格を算定することができるが，非公開株式は市場価格を有していないため価格算定が難しいからである[25]。ただし，日本におけるLBOは，その実証例が少ないため，未だ試験的段階にある実務手法であるといえる。

【図表3-5】 LBOの手順

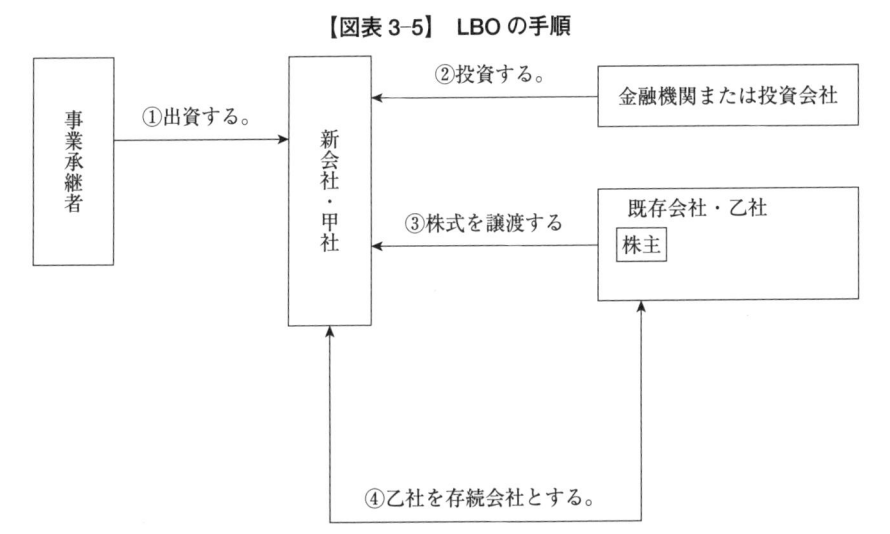

```
事業承継者 ──①出資する。──▶ 新会社・甲社 ◀──②投資する。── 金融機関または投資会社
                              ◀──③株式を譲渡する── 既存会社・乙社
                                                      株主
                              ──④乙社を存続会社とする。──▶
```

(注1) 存続会社である乙社は自己株式を所有することになる。
(注2) 存続会社である乙社の繰越欠損金は，原則的に切り捨てられる。

Ⅱ 株式の公開

　株式公開は，経営者の支配権が分散されることによりM&Aの危険性を伴うため，TOBを用いて株式の非公開化を実施する企業も出現してきた[26]。
　しかし，株式公開は，次のようなメリットを有するため検討する企業が多い。第一に，事業資金に充てる資本調達が容易になる。第二に，市場性を得ることにより株式の流動性が高まる。第三に，企業の知名度が高まることにより社会的な信用度が増し，優秀な人材を獲得しやすくなる。第四に，株式公開の準備過程を経ることにより企業体質が強化され従業員のモラルも向上する。第五に，ストックオプション等のインセンティブを付与することにより従業員の士気が高まる。
　このうち，事業承継を前提としたならば，株式公開の最大のメリットは，資金調達の容易さにあるといえる。一般的に，株式公開時の株式評価額は，株式公開前の株式評価額を上回るため，事業承継者を含む創業者一族は創業者利潤

を得ることができる。この株式売却益は，キャピタルゲイン課税の対象となるが，納税後の資金を相続税に当てることが可能となる。また，創業者の保有株式の売却は，相対的に事業承継者の持ち株比率を高めることになる。

しかし，納税資金の確保だけを目的とする株式の公開には問題がある。なぜならば，「企業は株式の公開より社会的公器として，株主に対しての配当提供や国家への納税のために収益性を考慮し，そして債権者への負債返済のために財務の安全性を維持し，さらに，従業員の雇用継続と地域住民への職場提供や環境保全を保障するというように，多面的な配慮をしつつ経営活動を行うことが求められることになる」[27]からである。

非公開会社が株式の公開を目指す場合には，グリーンシート制度を活用する方法もある。グリーンシート制度とは，日本証券業協会が非公開株式の売買を対象として平成9（1997）年7月から開始した制度のことであり，非公開会社への資金調達の円滑化を図り，また投資家の換金の場を確保することを目的としている。

このグリーンシート銘柄は，図表3-6のように漸次増加の傾向を示し，平成18（2006）年2月23日時点で91銘柄に達しており，過去に3社がグリーンシート制度を経て公開会社へと成長している[28]。

グリーンシート制度は，将来の株式公開に備えて担当者の育成という面では効果を期待できる。そして，株式公開時の核となる株主を確保するという点でも有意義であり，公認会計士または監査法人の監査を経ることにより開示の面

【図表3-6】　グリーンシートの銘柄数

期間	銘柄数
平成 9 年 7 月～平成 11 年 6 月	5
平成 11 年 7 月～平成 12 年 12 月	14
平成 14 年 10 月～平成 16 年 9 月	52

（出所）出縄良人監修，『グリーンシート株式公開実務マニュアル』（中央経済社，2005年）27・29ページ。

での透明性が増し健全な事業経営に貢献する[29]。

第4節　事業承継における不動産の運用

I　小規模宅地等特例制度の活用

　一般的に，土地および土地の上に存する権利（以下，「土地等」とする）が相続税の対象となる財産のうちで占める割合は6割前後と高い。このため，事業承継においては，土地等の資産評価が重要なテーマとなるが，土地等の資産評価においては，特例制度が適用されるため事業承継時の資産評価額は大幅に軽減される。

　特例制度は，昭和63（1988）年度，平成4（1992）年度，平成6（1994）年度，平成11（1999）年度，平成13（2001）年度の税制改正を経て大きく変化した。この特例制度の改正点については，第2章第1節Ⅲで考察した。

　現在，特例制度は，適用を受ける宅地の種類および要件に応じて被相続人の事業の用または居住の用に供していた宅地等のうち200 m^2 までの部分については50％または80％の減額割合が適用される。例えば，被相続人の適用要件（被相続人の相続発生直前における利用状況が居住用または事業用である）を満たしていれば50％減額となり，この被相続人の適用要件に加えて相続人の適用要件（当該宅地を取得する対象者および利用状況）も満たしていれば80％減額と減額割合が増加する。さらに，被相続人の適用要件に加えて相続人の適用要件も満たしていた場合には，減額対象となる土地の面積が200 m^2 から240 m^2（居住用）または400 m^2（事業用）まで拡大した。

　特例制度は，自宅用宅地および事業用宅地の評価減に貢献する。しかし，相続税納付において，物納を選択した場合の資産評価は，減額後の価格が採用されているため課税の公平性が侵害される。すなわち，物納財産の収納価額は，図表3-7のように，相続税課税価格上の計算過程における基礎財産を用いることになるが，所有している土地の資産評価は，特例制度を用いて購入時の

【図表 3-7】 特例適用前後の貸借対照表

特例適用前貸借対照表

資　産	負　債
《土　地》 1億円	資　本

特例適用 ⇒ 80％評価減

特例適用後貸借対照表

資　産	負　債
《土　地》 2,000万円	資　本

(出所) 高沢修一「事業承継における不動産評価に関する会計的考察」『杏林大学研究報告』第22巻, 2005年, 107ページ。

80％に減少した場合, 物納時における資産評価においては減前の1億円ではなく減後の2,000万円として評価される。

つまり, 本来の物納金額が減少されることにより納税者に対して不利益を生じさせることになるのである。物納時における資産評価に対する取扱いをみると, 特例制度は事業承継を前提としたものではなく, 都市部の土地等の高騰による納税額の増大が招来させる納税者の不満を回避するための調整機能といえる[30]。

Ⅱ　借地権の設定と評価

事業承継では, 相続税の削減を目的として普通借地権 (以下,「借地権」とする) を設定するケースがある。つまり, 借地権の設定は, 資産の評価減に貢献する。借地権とは, 借地借家法によれば建物の所有を目的とする地上権または土地の賃借権のことをいう。

この借地権の時価は,「近隣地域及び同一需要圏内の類似地域における取引慣行とその成熟の程度等とを考慮して決定するのが相当である」[31]とされる。

通常, 借地権の評価額は, 自用地としての評価額に借地権割合を乗じることにより算定され, 借地権割合は, 国税局長が物件売買の取引実例価額, 業務精通者の意見および地代価額等を参考にして定めている。そのため, 借地契約上の残存契約期間の長短, 借地権の設定対象となっている建築物の構造, 権利金

の有無，更新料の有無，建物再築承諾料の有無，借地人の経済力，経済的負担等の借地条件によって借地権評価は大きく異なることになるにもかかわらず，それらの諸要件が必ずしも借地権の評価に反映されていないという問題点を有する[32]。このように，借地権の評価額は，地代の多寡および残存期間等の借地条件等の個別的特性の影響を強く受けるため，資産評価における一定の基準値を設定することは容易ではなく，さらにその理論的根拠も十分に確立されてない[33]。

また，借地権が設定されている宅地である貸宅地は，自用地としての評価額から借地権相当額（1－借地権割合）を控除することにより評価減される。

地主は，図表3-8のようなケースでは，底地権しか有していないため，地主の権利を守り不動産の賃貸借を活性化することを目的として定期借地権が設定される。定期借地権の設定されている土地とは，一定の契約期間を経過した時点で地主に返還義務が生じる土地のことである[34]。

定期借地権等の価額は，評価通達27-2により「原則として，課税時期において借地権者に帰属する経済的利益及びその存続期間を基として評定した価額

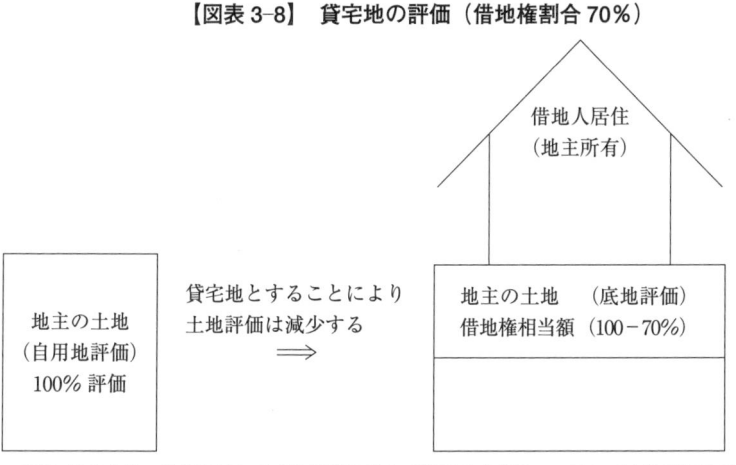

【図表3-8】 貸宅地の評価（借地権割合70％）

（注）借地人は，地主に対して建物部分に対して権利金を支払い，そして土地部分に対して地代を支払う。

【図表3-9】 貸家建付地の評価

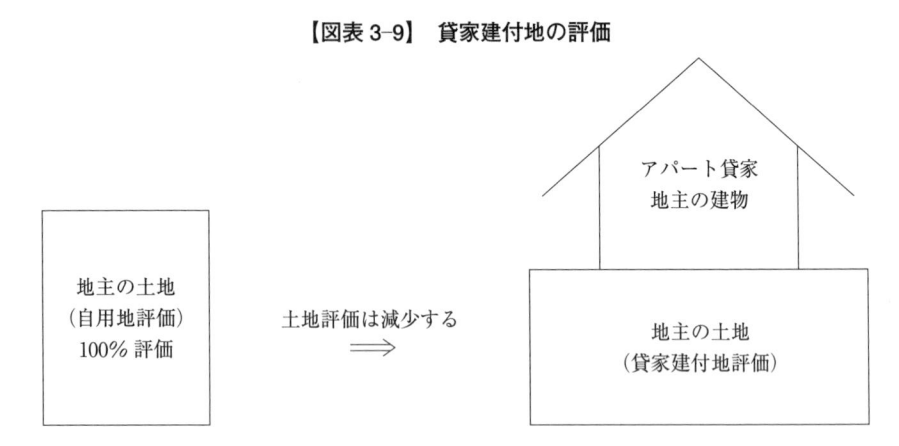

```
┌─────────────┐              ┌──アパート貸家──┐
│             │              │   地主の建物    │
│  地主の土地  │  土地評価は減少する ├─────────────┤
│ （自用地評価）│  ⇒           │              │
│  100％ 評価  │              │  地主の土地   │
│             │              │ （貸家建付地評価）│
└─────────────┘              └─────────────┘
```

によって評価する」と規定され，定期借地権を設定している底地は，原則的に課税時期における更地の路線価評価額から定期借地権評価額を控除した残額によって底地権の評価額とする[35]。

この定期借地権の評価方法は，借地権者に帰属する経済的利益とその存続期間をよりどころとしており個人の特性について配慮する。課税庁は，これについて定期借地権は個別性が強く多種多様な設定が想定されるためと説明するが，相続税の基盤を成す相続財産の資産評価において重視されることは公平性や客観性であり，定期借地権において個人の特性を重視するのであれば，借地権の評価においても個人の特性が配慮されるべきである。

また，貸家建付地も資産評価減の対象となる。貸家建付地とは，図表3-9のように土地の所有者がその敷地内に貸家を建てた場合の土地のことである。この貸家建付地は，自用地の評価額に一定割合（1－借地権割合×借家権割合×賃貸割合）を乗じることにより算定される。

Ⅲ 土地信託方式の活用

土地の有効活用の方法としては，自己建設方式，事業受託方式，等価交換方式および土地信託方式などがある。このうち，自己建設方式と事業受託方式は，土地および建物の所有を土地所有者が保持することができるが，資金負担を担

わなければならない⁽³⁶⁾。一方，等価交換方式は，ディベロッパーが資金負担をする代わりに，土地は共有となり建物は区分所有となる⁽³⁷⁾。

これに対して，事業承継では，資金負担を受託者借入で賄うことができ，土地および建物とも信託期間中は信託銀行の所有となるが，信託期間終了後には委託者に信託財産が返還され，実質的な所有権を保持できるため土地信託方式が活用しやすい。

この土地信託方式とは，委託者（信託受益者）である土地所有者が受託者である信託銀行と締結した図表3-10のような信託契約のことである。

土地信託方式には，信託財産の賃貸運用を前提とする賃貸型と信託財産の処分を前提とする分譲型の2種類があるが，分譲型を活用するケースが多い。

つまり，信託銀行は，委託者より委託された信託財産を賃貸によって運用し，その運用収益を委託者に交付するわけであるが，以下の手順により行われる。

【図表3-10】 土地信託方式（1）

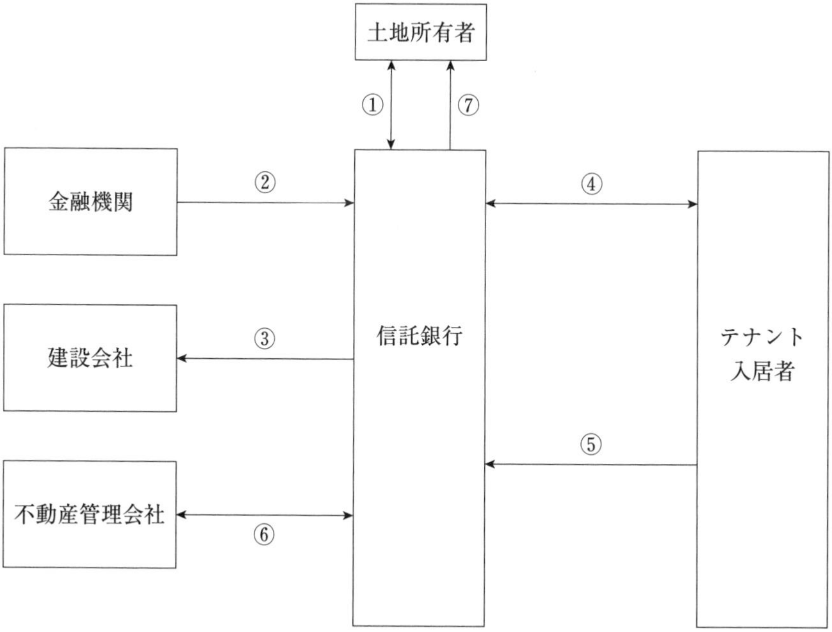

①土地の所有者である委託者が建物の建築，管理および運用を目的とする信託契約を信託銀行との間で締結する。②信託銀行は，金融機関から建築資金を借り入れる。③信託銀行は，建設会社に建築を発注し，建築費用を支払う。④信託銀行は，テナント入居者と賃貸契約を締結する。⑤信託銀行は，賃貸契約にしたがってテナント入居者から賃料の支払いを受け取る。⑥信託銀行は，不動産管理会社と管理委託契約を締結し，テナントの管理運用を委託する。⑦信託銀行は，信託期間中の運用収益を信託配当として委託者に支払う。

この土地信託方式には，事業承継上のメリットがある。例えば，土地所有者である甲が，図表3-11のように死亡した場合には，事業承継者である乙は，甲が信託銀行丙から得ていた信託受益権（信託配当）を相続することになる。

このケースでは，次のメリットを得ることができる。第一に，信託財産から借入金が債務控除されることにより相続税納税額が軽減される。第二に，信託受益権の分割により相続財産の細分化および分散化を防げる。第三に，信託銀行が繁多な相続手続を代行するなどのメリットを得ることができる。このため，土地信託方式を活用した事業承継の増加が予測される。

【図表3-11】 土地信託方式（2）

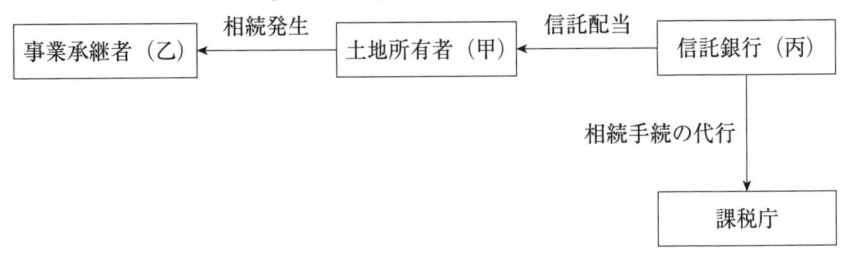

事業承継者（乙） ←相続発生─ 土地所有者（甲） ←信託配当─ 信託銀行（丙）
                                                              │
                                                        相続手続の代行
                                                              ↓
                                                          課税庁

小　　括

本章では，新しい事業承継手法における資産評価について考察した。改正商法は，平成6（1994）年，消却目的の自社株買いが解禁し，さらに平成13（2001）年，買い取り株式を手元に残留させることも解禁した。

そして，平成18（2006）年度税制改正は，非公開株式の物納に係る許可基準を緩和した。本改正を受けて非公開会社は，事業承継上の相続税納税資金の捻出策の一環として自己株式を活用している。しかし，物納による納税は納税者に対して納税資金の調達面における便宜を図ることになり，富の再分配という相続税制の理念に反した行為といえる。

　この他，本税制改正では，同族会社の留保金課税制度の抜本的な見直しが行われ，留保控除額の所得金額が所得の35％から50％にまで引き上げられ内部留保額が拡大した。このため，従来よりも社外への配当金額を抑制することが可能となり，配当金額を重視する類似業種比準方式の評価に影響を与えることになった。

　非公開会社の自己株式の評価方法には，前述の類似業種比準方式以外に，純資産価額方式，配当還元方式，収益還元方式，併用方式などが存在するが，裁判所は株式評価に客観性をもたせるため併用方式を採用することが多い。なぜならば，併用方式は種々の評価方法を企業実態に合わせて適用できるというメリットを有しているからである。また，実務上，活用されることは皆無であるが，前述の評価方法以外に時間的要素を前提とした評価方法であるDCF法も存在する。よって，DCF法の採用についても検討すべきである。

　自己株式の活用以外の事業承継の手法としては，従業員持株会の活用，LBOの活用，株式公開，不動産の活用という四つの方法が挙げられる。

　第一に，従業員持株会は会社の経営権を握るオーナー一族から従業員への株式譲渡または第三者割当増資にもとづいて設立されるため，株式を同族以外へ移動させることにより事業承継者の納税額負担を軽減させるメリットを有する。

　第二に，LBOとは買収会社自身の自己資金や借入金または株式を対価とするのではなく，ターゲット会社の資産や将来のキャッシュ・フローを担保として資金調達を行う方法である。このため，LBOは自己資金の乏しい経営陣が経営者の高齢化に対応して生前に自己株式を移転し事業承継を実施するうえで有効な方法であるといえる。

第三に，株式公開は，事業承継における資金調達を容易にするというメリットを有する。しかし，経営者の支配権が分散されることによりM&Aの対象となる危険性も付随する。

　第四に，不動産の活用方法としては，特例制度および借地権の設定と土地信託方式などがある。前者は，事業承継時の資産評価の減少を目的としており事業承継を実施するうえで有効な方法といえる。つまり，一定要件を充たし特例制度を活用した場合には，土地等は240 m^2（居住用）または400 m^2（事業用）まで最高80％資産評価減され，借地権を設定された宅地である貸宅地は，自用地としての評価額から借地権相当額（1 − 借地権割合）が控除される。後者は，信託財産から借入金を債務控除されることにより相続税納税額が減額され，また信託受益権が分割されることにより相続財産の細分化および分散化を防ぐことができ，さらに繁多な相続手続きを信託銀行に代行させられるというメリットを有する。既述のように，不動産の活用は事業承継を実施するうえで有効な方法であるといえる。

注

（1）　別段の定めとは，第210条以外で自己株式の取得について手続・取得限度等について規定がおかれているものを指し，従来からの自己株式取得規制等を商法改正後も残存させたケースと改正により新たに別の規制として規定したケースが挙げられる。前者としては，株式の譲渡制限会社において会社を譲渡の相手方に指定した場合，反対株主から買取請求があった場合等があり，これらについては従来からおかれていた自己株式取得の手続規定等が改正後もそのまま残され，第210条の規制を受けず，それぞれの手続・要件により自己株式の取得を行うこととなり，また，後者においては，子会社が保有する親会社株式を親会社が取得する場合が挙げられる。

　　　（出所）朝日監査法人『新株式制度と会計・税務』清文社，2002年，8ページ。

　　　従来，自己株式は，①会社の資本充実・維持の原則に反する，②会社による株価操作の恐れがある，③自己株式は会社にとって不安定財産である，④株主平等の原則に反する，⑤会社経営者の支配権維持の手段として悪用される恐れがある等の理由により原則的に取得保有を禁じられていた。

　　　（出所）あさひ法律事務所編『平成13年商法改正　金庫株解禁と自己株式の取得・保有・処分』中央経済社，2001年，4−6ページ。

　　　自己株式の表示には，資本取引とする考え方である資本控除説と，資産の増減取引とする考え方である有価証券説の二つの考え方がある。資本控除説は，自己株式の取得を資本の減少として扱い，自己株式の売却を資本の増加として会計処理と表示を行

い，自己株式の処分差額は資本剰余金の増減として処理されると規定する。また，有価証券説は，自己株式を有価証券という資産として扱い，取得，保有，売却の会計処理と表示を行い，売却損益は営業外損益として計上されると規定する。

  （出所）同上 90-91 ページに詳しい。
（２） 主たる適用要件としては，平成 16（2004）年 4 月 1 日以後に開始した相続であり，相続または遺贈による非公開会社を含めた全財産の取得に対して相続税が課税されること等が挙げられる。なお，みなし配当とは，利益処分以外の場合でも，実質的に利益積立金の分配の効果をもつ場合，たとえば，減資，解散，合併等により資本の払い戻しを受けた場合に，支払法人の利益積立金からなる部分の金額があるときには実質的に利益配当とみなされる配当のことであり，みなし配当は，通常の受取配当等と同様に益金不算入の規定が適用される。
（３） 平成 13（2001）年の商法改正を受けて自己株式の扱いが変更された。従来，法人税法上，自己株式は「証券取引法第 2 条第 1 項に規定する有価証券その他これに準ずるもので政令で定めるものをいう」と規定されていたが，これに「自己が有する自己株式又は出資を除く」という内容をかっこ書で付加することにより，資産の計上という処理から資本金等の額の減少という処理を可能とした。
（４） 髙沢修一「非上場会社の資産評価に関する一考察―財産税務会計からのアプローチ―」『會計』第 168 巻第 6 号，103-113 ページに詳しい。
（５） 垂井英夫『自己株式取引と課税』財経詳報社，2004 年，182 ページ。
（６） 髙沢修一「非上場会社株式の評価に関する会計的考察」『杏林大学研究報告』第 21 巻，2004 年，71-79 ページに詳しい。
（７） 「譲渡制限株式の買取請求事件の決定に対する抗告事件」（東京高裁・昭 51（ラ）831・昭 51. 12. 24 判決）では，「将来期待される配当金額に基づく評価方法である配当還元方式を適用すれば，仮に配当予測が長期間にわたるものであったとしても，これが適格になされ得る限り，配当を期待する一般投資家を対象とした場合には，最も合理的な評価方法である」と判決されている。
（８） 垂井，前掲書，182 ページ。
（９） 品川芳宣・緑川正博共著『徹底解明／相続税財産評価の理論と実践』ぎょうせい，2005 年，341-384 ページに詳しい。
（10） 江藤憲治郎「取引相場のない株式の評価」法学協会 100 周年記念論文第三巻，1983 年，479 ページ。
（11） 評価対象会社の直前期末における 1 株当たりの配当金額は，次の計算式により求められる。
  1 株式当たりの配当金額＝｜（直前期末以前 2 年間の配当金額÷2）｜÷1 株当たりの資本金の額を 50 円とした場合の発行済み株式数
（12） 優良法人の場合には，課税庁により内部留保金が豊富であると認定され，金銭に代替して非公開株式を物納することを否認される可能性もある。
（13） 実際には，非公開株式は市場流通性に乏しく換金性も有していないため，他者に売却することは難しいが，仮にこれを売却するのであれば売却時点の価額をもって市場価額とすべきであり，これを根拠として課税庁も市場価格による物納を容認しており

時価とも整合することになる。
(14) 垂井英夫「配当還元価額による譲渡と『通達によらない評価』の可否～東京地裁平成17年10月12日判決を素材にして～」『税理』2006年3月号，9-17ページ。
(15) 非公開株式は，原則的に，評価通達にもとづいて評価される。ところが，バブル期以降，評価通達にもとづかない評価方法が適用されるケースもみられるようになった。このような評価通達にもとづかない特別な事情を有するケースでは，税務署長は独自の判断基準にもとづいて更正処分等を実施することができ，裁判所もこれを容認している。
(16) 三木義一『相続・贈与と税の判例総合解説』信山社，2005年，184ページ。
(17) 緑川正博『非公開株式の評価～商法・税法における理論と実務～』ぎょうせい，2004年，150-152ページに詳しい。
(18) 北野は，「応能負担原則の趣旨に反する租税立法は，憲法理論的には好ましくなく……ときに当該租税立法が憲法の応能負担原則に違反することのゆえに違憲無効となることもありうる」と説明する。
　　　（出所）北野弘久『税法学原論〔第五版〕』青林書院，2003年，139ページ。
(19) 安藤英義・新田忠誓・伊藤邦雄・廣本敏郎編集代表『会計学大辞典第五版』中央経済社，2007年，981ページ。神戸大学会計学研究室編『第六版会計学辞典』同文舘出版，2007年，875ページ。
(20) このDCF法の算定に当たっては，第一に評価会社が無借金会社であると仮定し無借金ベースのキャッシュ・フローを予測し，第二に，残存価値を算出して最終期のキャッシュ・フローを追加し，第三に年度別のフリーキャッシュ・フローを割引率により現在価値に換算した後に合計してキャッシュ・フローの現在価値を算出し，第四に評価会社に現存する借入金残高を控除し，第五に遊休資産の価値を加算するという手続をとることが必要となる。つまり，1株当たりの評価額は予測期間の最終年度のキャッシュ・フローを資本コストで除することにより算定される。
　　　（出所）高橋義雄『非公開株式　鑑定・評価の実務―キャッシュフロー法による鑑定・評価実務を中心に―』清文社，2000年，249-250ページ。
(21) DCF法は，米国の投資判断，不動産鑑定，M＆Aにおいて最も重要な手法といわれ，投資家が種々の投資対象の選択を決定するときに，収益率という同じ尺度で比較することができるという意味で，唯一の評価方法であると高く評価されている。
　　　（出所）高橋　前掲書，238ページ。
(22) 小山泰宏『M&A・投資のためのDCF企業評価』中央経済社，2000年，8ページに詳しい。
(23) 同上　79-80ページに詳しい。
(24) 西村信勝・井上直樹・牟田誠一郎・平畠秀典・阿部　清共著『金融先端用語辞典第2版』日経BP社，2003年，406-407ページ。
　　M＆Aは，友好的M＆Aと敵対的M＆Aとの二者に大別される。前者が，経営者同士の話し合いを前提とした友好的TOBを前提としているのに対して，後者は，買収企業の同意を得ることなく敵対的TOBを前提としている。現在，国際市場，特に欧州では，大型の敵対的M＆Aが増加している。例えば，2006年1月にオランダの

ミタル・スチールがルクセンブルクのアルセロールに仕掛けた敵対的M＆Aは，総額で約2兆6,000億円の合併劇となった（2006年6月に両社は合併決定）。しかし，日本では，敵対的M＆Aは，企業風土に合わず種々の軋轢を企業間に生じさせている。例えば，ドン・キホーテは，オリジン東秀への敵対的TOBを実施したが，ホワイトナイトとして登場したイオンが友好的TOBを実施したためオリジン東秀に対する敵対的M＆Aを断念している。

(25) 市場価格を有している株式には，次のような評価方法がある。

種類	上場株式	登録銘柄の株式	店頭管理銘柄の株式	公開途上にある会社の株式	国税局長が指定した株式
評価方法	取引価格により評価する。			公開価格により評価する。	取引価格と類似業種比準価額の平均額により評価する

非公開株式の代表的な評価方法としては，純資産価額方式と類似業種比準方式がある。前者は，企業の所有財産の価値を算定することにより企業価値を評価する方法である。これは，貸借対照表を基礎としてこれに有形固定資産の修正および簿外債務（退職給付債務等）の負債を控除することにより算定するため客観的な評価数値を得られるというメリットを有するが，将来の収益性を反映しておらず，営業権等の無形固定資産の評価が難しいというデメリットも有する。後者は，評価対象会社と類似する上場企業の株価を比較することにより企業価値を評価する方法である。この類似業種比準法は実際の株価等にもとづいて算定するため実証的な評価数値を得られるというメリットを有するが，類似する公開会社を選定するのが難しいというデメリットも有する。

(26) 公開会社の株式非公開化については，本書の補章に詳しい。
(27) 内田昌利・鈴木一道共著『管理会計論』森山書店，1985年，26ページ。
(28) グリーンシート銘柄とは，店頭取扱有価証券，優先出資証券または投資証券のうち，証券会社が日本証券業協会に対して届出を行い，当該証券会社が売り気配および買い気配を継続的に提示している銘柄のことである。このグリーンシート銘柄は漸次増加の傾向を示している。これは，グリーンシート銘柄の取扱主幹事業務を担う機関が，ディー・ブレイン証券株式会社の一社独占体制から脱却し，新たにTKC全国会タックスジャパングループおよび船井総合研究所などが積極的にグリーンシート制度を活用し始めたことに起因する。この他，荘内銀行や沖縄銀行などの金融機関でもグリーンシートの活用を検討し始めている。
(29) 株式の公開は，厳しい審査を経て申請される。非公開会社は，マザーズ市場，ジャスタック市場およびヘラクレス市場において上場を目指すケースが多い。

　これらの新興の3市場において非公開会社が株式の公開を目指す理由としては，上場審査が緩和されている点が挙げられる。

　特に，マザーズ市場は，欠損会社であっても公開をすることができ，さらに公開時

の時価総額が 10 億円以上で容認されるため（東証一部市場では 500 億以上であり，東証二部市場では 20 億円以上であり，ジャスダック市場では原則 10 億円以上であるが欠損会社の場合には 50 億円以上であり，ヘラクレス市場では最終利益が 7500 万円以下の場合には 50 億円以上である），他の市場と比較して公開時の審査要件が大きく緩和されており，その結果としてマザーズ市場での公開を目指す非公開会社が多くなる。

(30) 濱本英輔「平成 4 年度の国税改正の概要について」『租税研究』日本租税研究協会，1992 年 4 月，33 ページ。
(31) 粕谷幸男「借地権（定期）の評価」北野弘久・小池幸造・三木義一編『争点相続税法［補訂版］』勁草書房，1996 年，260 ページ。
(32) 同上　258-259 ページ。
(33) 品川芳宣監修・前田忠章・大森正嘉編集『財産評価基本通達の疑問点』ぎょうせい，2002 年，129 ページに詳しい。
(34) 借地権および定期借地権は，次に表示するように存続期間と契約の更新および終了要件が異なる。

借地権の種類	存続期間	契約の更新および終了要件
普通借地権	30 年以上	原則的に建物が存在すれば更新されるが，正当な事由により更新を拒否できる。
一般定期借地権	50 年以上	特約により契約の更新はなく期間満了により契約は終了となる。終了時には，原則として更地にして返還しなければならない。
建物譲渡特約付借地権	30 年以上	特約により契約の更新はなく期間満了により契約は終了となる。終了時には，原則として地主に対して建物が譲渡される。
事業用借地権	10 年以上 20 年以下	一般定期借地権と同じであるが，専ら事業用に利益目的が制限される。

(35) 定期借地権を設定している底地は，更地の路線価評価額から定期借地権評価額を控除した残存価額により評価される。ただし，評価額が更地の評価額に次に表示する一定割合を乗じた価額を超える場合には，更地の評価額に一定割合を乗じた価額をもって底地の評価額とする。

残存契約期間	一定割合
5 年以下	95%
5 年超 10 年以下	90%
10 年超 15 年以下	85%

15 年超	80％

（注）2006 年 3 月 31 日時点の一定割合である。

　また，評価通達 27 の 2 によれば，原則的な評価方法に代えて，課税上の弊害が生じない場合には，次の簡便評価方法を採ることが容認されている。
・定期借地権価額＝課税時期における更地価額×借地権設定時における定期借地権割合 ｛(設定時に借地人に帰属する経済的利益の総額)÷(設定時におけるその宅地の通常取引価額)｝×定期借地権の逓減率 ｛(課税時期における残存期間年数に応ずる年 6％の複利年金現価率)÷(設定期間年数に応ずる年 6％の複利年金現価率)｝

(36)　自己建設方式とは，土地所有者が自ら土地有効活用計画を策定し，建築会社に建築を発注し，物件の完成引き渡し後の管理運営を直接行う方法である。これは，仲介者が存在しないため，業務効率性の面でメリットを有するが，その反面，土地所有者自身に専門的知識が要求され，さらに時間と手間がかかるというデメリットを有する。これに対して，事業受託方式とは，不動産開発業者などが事業パートナーとして，土地の有効活用のための調査企画・設計施行・管理運用などのすべての業務内容を行うという方式である。これは，事業パートナーを選定することにより専門的な知識を得られるというメリットを有するが，その反面，事業資金の借り入れは委託者自身が行うため採算がとれなくなるというケースも生じるというデメリットも有する。

(37)　等価交換方式とは，土地所有者である委託者が土地を出資し，不動産開発業者がその土地上に建築するマンションなどの建築物の建築資金を出資し，両者の出資割合に応じて土地およびマンションなど建築物を所有するという方式の共同事業のことである。この場合に，委託者は，借入れによる事業資金を準備する必要がないというメリットを有するが，土地の一部を譲渡しなければならないというデメリットも有する。

《補足》　平成 18（2006）年 12 月 15 日公布の信託法改正により，受益者連続型信託（信託法第 91 条）を事業承継において活用することができるようになった。この受益者連続型信託とは，財産の所有者が事業承継者の順位を自らの意志により決定することができる信託のことである。例えば，第 1 受益者を甲，第 2 受益者を乙とするように連続して信託契約を締結した場合，受益者甲の死亡により，受益者乙が受益権を獲得することになる。ただし，受益者連続型信託の有効期間は，信託が設定された時から 30 年を経過した時以後に現に存する受益者が信託行為の定めにより受益権を取得した場合であって，その受益者が死亡するまでまたはその受益権が消滅するまでである。

（本章第 2 節は，「非上場会社株式の同族外への移動と評価のポイント」『税理』2006 年 7 月号を改訂したものである。）

第4章　事業承継税制の拡張

　事業承継税制は，非公開会社をその対象とするが，世襲制による事業承継のケースが多いにもかかわらず，農業，宗教および医業等の領域について触れられていない点にその限界が窺える。第1節では，わが国の戦後税制に多大な影響を及ぼしたシャウプ勧告を中心に事業承継税制の限界について考察した。第2節では，昭和50（1975）年の税制改正により創設された相続税納税猶予制度（以下，「猶予制度」とする）を中心に農業相続人について考察した。第3節では，平成8（1996）年の宗教法人法（以下，「宗教法人法」とする）と平成13（2001）年の宗教法人会計の指針（以下，「指針」とする）を中心に仏教寺院や神社において広く採用されている宗教法人について考察した。第4節では，節税メリットの点から医業経営において注目を浴びている医療法人について昭和40（1965）年に制定され，その後数度の改正を経て現在に至っている病院会計準則（以下，「準則」とする）を中心に考察した。

第1節　事業承継税制の限界

　シャウプ勧告が，わが国の戦後税制の骨子となり所得税法および法人税法に与えた影響力は大きい。しかし，シャウプが主導した相続税制が実質3年という短期間のうちに解体されたため，相続税法においてシャウプ勧告は継承されていない。

　わが国の戦後税制は，このシャウプ勧告を端緒とはするものの，シャウプ勧

告を根幹とする戦後税制のなかに事業承継に対する概念を窺い知ることはできず，事業承継に対応した税制の整備については構想外であったと推測できる。従来，相続税は，「もともと個人財産を中心に構築された税制であり，今日のわが国のような中小企業中心の，いわゆる『企業社会』を想定していなかった」[1]といえる。

既述のように，相続税は，人の死亡を前提要件として被相続人の所有する私的財産を相続人が取得する際に富の再分配と社会的公正の実現を目的として課税行為がなされているが，「これまでの相続税の課税理念のなかには，『財産の承継』という考え方はあるが，『事業承継』もしくは『企業承継』という概念はまったく配慮されていなかった」[2]といえる。故に，事業承継税制誕生以前における非公開会社の事業承継時の資産評価は厳しいものであった[3]。事業承継税制は，これを緩和する存在として登場するが，非公開会社の事業承継において果たした役割は大きいと評価できる。

しかし，現行の事業承継税制については補完すべき点がある[4]。なぜならば，現行の事業承継税制は，非公開会社のみを対象としているが，事業承継は，現実に農業，宗教および医業の分野においても重要な経営課題の一つとして認識されているからである。

このため，本章では，事業承継税制の拡張を目的とし世襲制による事業承継のケースが多いにもかかわらず事業承継税制では取り上げられていない前述の各領域についても拡張して考察する。

第2節　農業相続人の事業承継

I　農家の現状

日本経済における農家の承継者の確保は重要な課題である。このため，農業の承継者には，猶予制度という税務上の特典が与えられており，一般の相続とは異なり特異な承継を示している。

農家の承継者は，厳密には農業承継者と農業相続人とに区分される。前者は，贈与税の納税猶予の特例対象者であり，後者は，相続税の納税猶予の特例対象者である。

　農家の承継者に対して税務上の特典が付与されている理由としては，わが国の農業経営が家族経営中心であり，しかも事業の永続性は家産の承継を前提要件としているという点にある。この承継と家産の関係については，「家産の継承が家の基礎にあり，家産の非個人主義的な継承は，家族員全体の生活の保証を目的としている」[5]と説明できるが，農業経営においては特にこの関係が強いといえる。

　しかし，農業経営の分野においても漸次法人化が進展しており，通常，農地法上，農地の取得が認められている法人，いわゆる合名，合資，有限の各会社法人および農事組合法人を農業法人と称する[6]。また，これらは農業生産法人とも呼称されるが，有限会社形態を採るケースが多い。この理由は，法人化の設立手続き上，資本金が少なく有限責任社員のみにより構成される有限会社形態が広く支持されているためであるが，会社法の施行に伴い最低資本金の出資規制が改正されたため，2006年5月1日以後は株式会社の増加が予想される。この株式会社の農業参入は，新しい可能性を生み出す。

　現行の農業生産法人が有限会社をその主体としているのは母体となる農業者自身が小規模事業形態からの出発であり，また，事業承継を前提とした法人化の場合には，小資本の方が相続財産の分割や農業経営の委譲の上で容易なためである。しかし，農業経営の近代化のためには，株式会社化による多数の株主の獲得とそれがもたらす資本の集積が重要な課題となり，大型の生産法人の誕生は，国際的な販売競争力を有した農産物を産み出し，さらに，経営の安定化は食糧自給問題の解決策になると思われる。

Ⅱ　農地の種類と資産評価

　農業経営の根幹をなすものは農地であり，農業承継者の事業承継においては農地の評価が中心的な課題となる。

農地は，昭和43（1968）年の都市計画法第7条の線引きにもとづき都市計画区分と都市計画区分以外に大別され，前者は，市街化区域内農地，市街化調整区域農地，未区分に三区分され，さらに，昭和46（1971）年の新生産緑地法により市街化区域内農地は生産緑地と生産緑地以外の宅地化農地に区分された[7]。

また，評価通達34の農地の分類によれば，農地は，純農地，中間農地，市街地周辺農地および市街地農地の四つに区分される。

第一に，純農地とは，農用地区域内の農地や市街化調整区域内農地等のうちで原則的に農地以外への転用が許可されない農地のことであり，この純農地は，その農地の固定資産税評価額に倍率を乗じる倍率方式により算定される。第二に，中間農地とは，市街化調整区域内の農地等のうちで公益性の高い事業の用に供する場合等に農地以外への転用が許可される農地のことであり，純農地と同一の評価方法により算定される。第三に，市街地周辺農地とは，市街化調整区域内農地等のうちで申請をすることにより農地以外への転用が許可される農地のことであり，この市街地周辺農地は，市街地農地としての評価額に80％を乗じることにより算定される。第四に，市街地農地とは，農地法の宅地転用許可済みの農地と転用許可を要しない市街化区域内にある農地（許可は不用であり許可さえすれば農地以外への転用が可能な市街化区域内農地）のことを指す[8]。この市街地農地は，その農地が宅地であるとした場合の路線価あるいは近傍宅地の価格を基準とした$1 m^2$当たりの価格から$1 m^2$当たりの造成費を控除し，この控除後の価額に地積を乗じることにより算定される[9]。

農地の評価額としては，取得原価，時価および固定資産税評価額等が存在する。しかし，評価通達は，農地の資産評価において固定資産税評価額を支持する。なぜならば，農地は，相続による取得が一般的であり，売買取引事例は地域によっては皆無に等しいため，取得原価や時価による評価は困難であるからである[10]。

ただし，農地の評価において，固定資産税評価額をそのよりどころとするにしても，これは3年に1度の評価の見直しがあるため，その際，出資者の持分

を見直し，出資口数をそれに比例させて増減させるのか，あるいは持分の問題とは切り離し，単なる資産の評価替えとしてとらえるのかという問題点を生み出す[11]。仮に，農業経営に株式会社の進出が本格化した場合には，売買取引の事例も増加することが予想され，将来的にはその時点で時価にもとづく農地評価への変更も検討されるべきである。

Ⅲ 相続税納税猶予制度に対する私見

贈与税の猶予制度では，図表4-1のように，推定相続人の1人である農業承継者が農業を営む個人である贈与者から農地の全部または採草放牧地および準農地の3分の2以上を一括して生前贈与された場合に，一定要件（贈与の日まで引き続き3年以上農業に従事している18歳以上の贈与者の推定相続人であり，受贈後に速やかに農業の経営を営むことを開始できる者である）を充たした際に贈与税が納税猶予されることになった[12]。

また，相続税の猶予制度では，図表4-2のように，農業相続人が農業を営む個人である被相続人から農地等を相続により取得した場合に，一定要件（農業相続人が死亡するか，農業相続人が農業承継者に生前一括贈与するか，または相続税の申告期限後20年間に渡り農業経営を継続するかのいずれかの要件）を満たしたならば，農業投資価格（通常，成立すると容認される取引価格）を超える部分

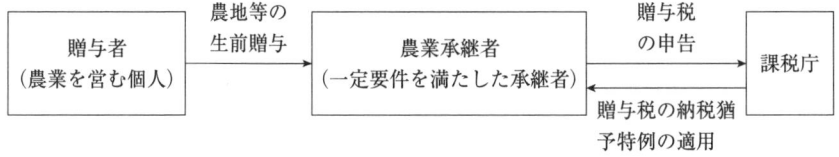

【図表4-1】 贈与税納税猶予制度

贈与者（農業を営む個人） →農地等の生前贈与→ 農業承継者（一定要件を満たした承継者） →贈与税の申告／贈与税の納税猶予特例の適用← 課税庁

【図表4-2】 相続税納税猶予制度

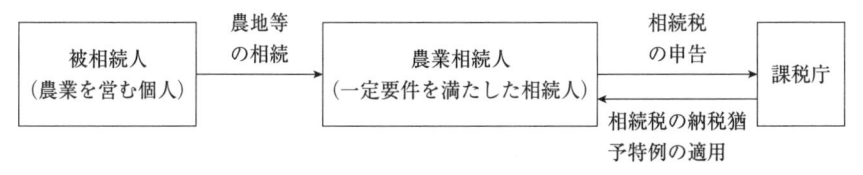

被相続人（農業を営む個人） →農地等の相続→ 農業相続人（一定要件を満たした相続人） →相続税の申告／相続税の納税猶予特例の適用← 課税庁

について担保提供を条件として相続税の納税が猶予されるものである[13]。

つまり,昭和50 (1975) 年の税制改正により,農家の事業承継を容易にするという趣旨から農業相続人の猶予制度が設けられた。この制度は,「農業の自立経営をめざす者が,民法上の均等相続制にとらわれることなく,また農地の所有と経営の不可分性をも考慮して,農地等を事業承継できるようにすることを目的として,昭和36 (1961) 年制定の農業基本法16条の趣旨にもとづいて設けられた」[14]ものである。これは,「農地を時価評価(宅地評価)したのでは,農業を継続していく者にとって不当に高い評価になるので,相続税の時価課税主義の弊害を回避する視点から創設された制度である」[15]と考えられる。

農業相続人が一定の条件を充たした場合には,第一に,評価通達にもとづいて相続税額を算定し,第二に,適用を受ける農地等を農業投資価格にもとづいて計算し,この両者の差額が農地を担保とした場合の債務として20年間に渡って税務署に保管され,そして,農業相続人が農業経営を20年間継続した場合には,この差額は免除となり担保に供された農地は,税務署から農業承継者に返還されることになる[16]。

租税特別措置法(以下,「措置法」とする)第70条の6第5項は,「恒久的に耕作又は養畜の用に供されるべき農地若しくは採草放牧地又は農地若しくは採草放牧地に開発されるべき土地として自由な取引が行われるものとした場合におけるその取引において通常成立すると認められる価格として当該地域の所轄国税局長が決定した価格をいう」と農業投資価格について規定している。しかし,通常成立すると認められる価格という評価上の曖昧さは,資産評価を実施するうえでの問題点を指摘できる。農業投資価格と称するのであれば,投資額に対応した利潤還元額を明確にするため農業生産性を反映した形にすべきである。つまり,農業投資価格の算定においては,評価農地が産み出す収穫高から生産費等の必要経費を控除した純利益(粗利益)を,一定の還元利回り(農林水産省使用利子率)によって控除することにより資本還元額を算定し収穫価格を決定すべきである。

また,猶予制度の対象となる土地が農地であるか,非農地であるかの判定も

重要となる。相続税法上，農地に対する明確な規定は存在しないが，措置法第70条の4第2項において，農地は「農地法第2条第1項に規定する農地をいう」と規定され，さらに，農地法第2条において「耕作の目的に供される土地をいう」と規定される。

実務上，農地の判定においては，固定資産税評価証明書の現地地目の如何をよりどころとする。しかし，畜舎および温室が農地と判定されていないため，畜産農業者および園芸農業者等は，猶予制度の特典を享受することができない。これは，課税の公平性という点では問題があり，農地法の改正時には是正すべき課題である。

農業における承継の特異性に配慮し，農業の承継者を確保するということに重きをおいた場合，措置法第70条の4以下の規定は有意義である。この規定により農業の承継者に対する農地の贈与については，贈与者が死亡するまでは贈与税の納税が猶予され，さらに贈与者が死亡した場合には贈与税が免除され，相続により取得した者とみなされる。

また，被相続人から農業を承継した農業相続人は，一定の要件を満たした相続税の額に相当する担保提供をすることにより相続開始後20年間は相続税の納税の猶予が認められ，さらに20年間農業を継続することにより相続税が免除される。

このように，農家の事業承継については，事業承継税制では触れられていないが，農家の保護を目的として，措置法の適用により特例が設けられている。つまり，事業承継税制の不十分な箇所が措置法により補われているのである。

第3節　宗教法人の事業承継

Ⅰ　宗教法人の特異性

伝統的な仏教寺院や神社においては，代表役員に住職や神職をもって充てるといういわゆる充て職制がとられることが多く世襲制を採用している[17]。

つまり，この宗教法人の法人代表者および継承者の地位に座する者は代表役員および責任役員と呼称され，宗教法人法の規則に拘束されており，人的承継の面において一般的な事業承継とは異なる。

また，神社および仏教系寺院などの宗教法人は，文化的価値の高い建造物，伽藍，仏像および経典等の承継資産を世襲的に多数所有しており，これらが相続税の課税対象からは除かれるため物的承継の面においても一般的な事業承継とは異なる。

しかし，これらの資産を宗教法人の法人財産と法人経営者および事業承継者の個人財産とに明確に区分し，さらに，資産評価することは容易な作業ではない。

このため，宗教法人法の前身である宗教法人令は，「神社，寺院又ハ教会ハ命令ノ定メル所ニ依リ宝物其ノ他不動産以外ノ重要ナル財産ニ付神社，寺院又ハ教会ノ所在地ニ於テ神社寺院教会財産登記簿ニ登記ヲ為スコトヲ要ス」として財産の所有を明白にし，以後の宗教法人法はこの規定を継承している[18]。

例えば，宗教法人法第52条第2項は，宗教法人の設立時登記について，「一．目的（第6条の規定による事業を行う場合には，その事業の種類を含む。），二．名称，三．事務所の所在地，四．当該宗教法人を包括する宗教団体がある場合には，その名称及び宗教法人非宗教法人の別，五．基本財産がある場合には，その総額，六．代表権を有する者の氏名，住所及び資格，七．規則で境内建物若しくは境内地である不動産又は財産目録に掲げる宝物に係る第23条第1号に掲げる行為に関する事項を定めた場合には，その事項，八．規則で解散の事由を定めた場合には，その事由，九．公告の方法」の事項を掲げなければならないとし，宗教法人の設立時に宝物などの財産の登記を義務づけている。

確かに，各宗教団体の成立の由来，個々の宗教団体の特徴，目的や使命，活動内容等は，宗教団体ごとに異なるため，これらの具体的な内容について触れることは困難な作業であるが，明確な資産評価の価値判断基準を制定することを回避しているところに問題点が存在する。

Ⅱ 宗教法人法における会計上の改正点

　宗教法人法は，図表4-3のような変遷を経て，昭和26（1951）年に制定された。この法律により明治維新以来の国家神道による強制支配は終焉を迎えた。この宗教法人法は，第1条第1項において，「宗教団体が，礼拝の施設その他の財産を所有し，これを維持運用し，その他その目的達成のための業務及び事業を運営することに資するため，宗教団体に法律上の能力を与えることを目的とする」と規定する。

　その後，小規模な法改正を加えながら宗教法人法の一部を改正する法律が平成7（1995）年12月に公布され，平成8（1996）年9月から施行されている。宗教法人法第25条第1項は，「宗教法人は，その設立（合併に因る設立を含む。）の時に財産目録を，毎会計年度終了後3月以内に財産目録及び収支計算書を作成しなければならない」と規定する。

【図表4-3】　宗教団体法制の変遷

施行年	法制
① 昭和14（1939）年	宗教団体法の施行
② 昭和20（1945）年	宗教法人令の施行
③ 昭和26（1951）年	宗教法人法の施行

　そして，宗教法人法第25条第2項は，宗教法人の事務所には，常に次に掲げる書類および帳簿を備えなければならないとして，「一．規則及び認証書，二．役員名簿，三．財産目録及び収支計算書並びに貸借対照表を作成している場合には貸借対照表，四．境内建物（財産目録に記載されているものを除く。）に関する書類，五．責任役員その他規則で定める機関の議事に関する書類及び事務処理簿，六．第6条の規定による事業を行う場合には，その事業に関する書類」を挙げている。

　さらに，同条第3項は，「宗教法人は，信者その他の利害関係人であって前

項の規定により当該宗教法人の事務所に備えられた同項各号に掲げる書類又は帳簿を閲覧することについて正当な利益があり，かつ，その閲覧の請求が不当な目的によるものでないと認められる者から請求があったときは，これを閲覧させなければならない」と規定し，宗教法人における計算書類等の作成・備え付けと閲覧および提出の見直しとが行われた。

　従来，宗教法人は，財産目録の作成義務を有していたが，同条第4項は，「宗教法人は，毎会計年度終了後四月以内に，第二項の規定により当該宗教法人の事務所に備えられた同項第2号から第4号まで及び第6号に掲げる書類の写しを所轄庁に提出しなけらばならない」と規定し，さらに宗教法人に対して決算日以後4ヶ月以内に備え付け書類の提出を義務づけた。

　つまり，宗教法人法には，宗教法人を取り巻く利害関係者に対する開示重視の傾向が窺える。例えば，財産目録の作成は信者が宗教法人の資産状況等を知ることを可能とし，そして収支計算書の作成は宗教法人が宗教団体として継続的に活動しているかどうかを把握することを可能とした。

　しかし，この開示については絶対的なものではない。なぜならば，宗教法人法は，各宗教法人に対して一定の備付書類の写しを所轄庁へ提出することを義務づけ，そして一定の利害関係者に対する閲覧請求権を容認したが，このなかには宗教上のプライバシーに関するものが多数含まれている可能性があるからである。文化庁宗務課長は，これについて宗教法人の信教の自由や宗教活動の自由など憲法上の権利（自由権）を侵害する恐れがある場合には非公開とするようにと各都道府県宗教法人事務担当者に対して通知している[19]。

　その後，日本公認会計士協会の研究報告書として指針が提案された。指針は，既述の宗教法人法との関係について，「宗教法人が自らの会計に係る情報を充実させ，本来の活動や事業の運営に役立てることは，宗教法人の社会性を確保する上で必要かつ重要なことである。かねてより関係各位から，それらを適切に実行していくため，会計の指針となるものが要望されてきた。このような動向を踏まえ，日本公認会計士協会では，宗教法人の会計について自主的に検討を進められてきたが，このたび『宗教法人会計の指針』として取りまとめたも

のである」と説明する。

　この指針は，収支計算書，正味財産増減計算書，貸借対照表および財産目録をもって計算書類として体系化するが，正味財産増減計算書を重視し貸借対照表を財産目録よりも上位に位置させている点に指針の特徴が窺える。

　正味財産増減計算書を重視している点は，「会計的整合性を重視し，貸借対照表と収支計算書の会計的整合性を図るために正味財産増減計算書が必要である」[20]と説明できる。

　また，貸借対照表を財産目録よりも重視している点は，両者の関係から説明できる。指針第5は，「貸借対照表は，当会計年度末におけるすべての資産，負債及び正味財産の状況を明瞭に表示するものである」と規定し，同第6では，「財産目録は，当会計年度末におけるすべての資産及び負債の名称，数量，価額などを詳細に表示するものである。なお，宝物などの特有な財産で価額が付されていない資産についても名称，数量などを記載するものとする」と規定する。

　前述の内容から，財産目録が貸借対照表を補足していると推測できる。例えば，貸借対照表上の宝物は，財産目録上，区分・種別（○○○像），数量（○○点），金額（不詳），備考（○○より寄贈・○○作）が表示され，同様に，貸借対照表上の建物は，財産目録上，区分・種別（境内建物・本殿・木造），数量（延○○m²），金額（××），備考（所在地・用途）が表示される。

　つまり，指針は，宗教法人法の存在を前提としこれを適切に実行するために提案されたものであり，このため財産目録を貸借対照表の下位に位置させ補足説明させていると推測できる。

Ⅲ　宗教法人の課税方法に対する私見

　わが国では，図表4-5のように，宗教法人および宗教団体に対しては法人税が原則的に非課税とされている[21]。このため，宗教法人における課税対象は，収益事業のみに限定されており，法人税法上，33の特掲事業（以下，「特掲事業」とする）が課税対象とされる[22]。

一般的に，宗教法人に対する非課税措置の是非は，宗教活動の有する公益性から支持される。公益説とは，宗教法人に対する非課税措置を宗教法人の有する公益性に求める見解のことであり，宗教活動は特殊なサービスを提供することにより国家の安寧と公共の増進とに貢献しているのであるから，このような公共性の高い宗教活動に対しては非課税措置という対価が支払われるべきであるとする[23]。

　また，宗教法人は，憲法の視点からも課税の是非について論じられる。日本国憲法第20条は，「信教の自由は，何人に対してもこれを保障する。いかなる宗教団体も，国から特権を受け，又は政治上の権力を行使してはならない」と規定するが，この場合，非課税措置は「国からの特権」に該当することになり，憲法の精神に抵触すると批判できる。

　しかし，この非課税措置の是非に対しては，「宗教活動に課税することも，宗教活動の実態把握などのための税務調査などを通じて国家が宗教法人にかかわりをもつことになる。このような前提を認めた上で，憲法や租税政策は，むしろ宗教活動を非課税とすることにより最小限で宗教にかかわる方を選択していると解するのが相当である」[24]とする見解もある。

　また，同法第89条は，「公金その他の公の財産は，宗教上の組織若しくは団体の使用，便益若しくは維持のため，又は公の支配に属しない慈善，教育若しくは博愛の事業に対し，これを支出し，又はその利用に供してはならない」と規定するが，政教分離原則によれば非課税措置は宗教法人を支援することになり政教分離に反する行為といえる。

　実際，宗教法人のなかには，巨大化し，現実の政治をも左右する存在にまで成長しているものもあり，こうした背景には，非課税措置の存在があるのではないかとの認識が国民および納税者の間に広がりつつある[25]。

　宗教法人を含む公益法人等の収益事業課税は，収益事業の是非について線引きをすることが難しい。宗教法人の収益事業該当性について争われた判例としては，名古屋地裁平成17（2005）年3月24日判決（平成16年（行ウ）第4号，法人税額決定処分等取消請求事件）が挙げられる。本件は，宗教法人が教義にも

とづいて宗教活動の一環として執り行った行為が収益事業にあたるとみなされ点で注目を浴びた判例である[26]。

判例は，本件を特掲事業に該当するとして法人税額決定処分を下した。しかし，収益事業の該当性については，むしろ特掲事業に拘束されることなく，「ある事業が収益事業に該当するかどうかは当該法人等の目的，性格，規模等を総合勘案していわば全体的視野から判断すべきことがらであると解される」[27]べきである。

わが国の財政状態は厳しい状況にあり，このような状況を鑑みた場合，公共性を重視することにより宗教法人に対して無条件に税務上の優遇措置を与えることには問題がある。

例えば，わが国の戦後税制に多大な影響を与えた米国では，宗教法人法に相当する法律が存在せず各州法により宗教団体を規律している。そのため，Internal Revenue Code of 1986（以下，「内国歳入法典」とする）がこれらを統率する役割を担っている。

内国歳入法典501条（a）は，一定の適格非営利法人（qualified nonprofit corporations）に対し連邦所得税を免除し，そして，同法典501条（c）（3）は，「もっぱら宗教，慈善，学術，公共安全の検査，文芸若しくは教育上の目的で又は児童若しくは動物の虐待防止の目的で設立され，かつ，運営されている」ことを要件として適格非営利法人を規定する[28]。

つまり，内国歳入法典は，善意および学術上の団体と併称して宗教法人を非営利法人として取り上げ，さらに，これらの一定の適格宗教団体（qualified religious organization）に対して連邦所得税を免除し，教会・教会付属機関・教会協議会・修道会などであることを要件として，本来の宗教活動に従事している場合には法人所得税の課税対象から外すが，それ以外の活動に従事している場合には課税対象とする[29]。

したがって，宗教団体の定義付けが重要となるが，米国税法はわが国のように宗教法人法という国家レベルでの規律をよりどころとはせずに，各州レベルすなわち州法をよりどころとして，各州単位の直属立法管轄事項を容認してい

るため，宗教法人を含む非営利法人規制は各州により異なっている。

　この適格非営利法人の手続きについては，「法人格を取得するためには，一般に，当該団体の所在する州の法律に基づき，定款または規則を作成し，その他必要書類を添付し州当局へ提出し，州務長官の認証（certification）を受けた上で，当該団体の所在州の地方団体（郡，市，タウン等）の権限ある当局へ届出をするという手続による必要がある（たとえば，カリフォルニア州非営利法人法5121条および9121条）。もっとも，ニューヨーク州のように，州最高裁判所判事の承認を要するとする州もある（同州非営利法人法405条）」[30]と説明される。つまり，米国税法上，宗教団体免税資格承認を受けるためには，一定の手続を経て厳しい審査を受ける必要がある。今後，わが国も宗教法人に対する免税資格承認を強化し，併せて課税方法についての整備が求められる。

　宗教法人は，公益法人等に含まれるため，図表4-5のように各事業年度の所得のうち収益事業から生じた所得に対してのみ22％の法人税が課税される。さらに，宗教法人が承継する建造物，伽藍，仏像および経典等は相続税の課税対象からは除かれる。

　この他，宗教法人には，消費税法基本通達第16-2-1に規定された喜捨金および冥加金などの消費税の課税対象とならない特定収入も多数存在する。なお，消費税の計算方法については，補足資料④に載せた。

　さらに，宗教法人には固定資産税の課税に関する問題点も挙げられる。現行税法は，宗教法人の有する公共性および公益性を重視し，宗教法人が専ら本来の用に供する固定資産に対して非課税とする。この場合に，非課税となる対象物件が，宗教法人法第3条に規定する「境内建物及び境内地」に該当する物件か否かが論点として争われることになる。

　もちろん，宗教法人が行う宗教活動が国民の精神生活の安定に貢献しているという点は高く評価されるべきである。しかし，それは，国民全体から見れば極めて少数の特定の信者に対して寄与しているにすぎない。信教の自由は，憲法により国民に与えられた権利であり，国民がいずれの宗派の信徒となるかを選択することに対しては異論を挟む余地はない。しかし，宗教法人に対して税

制上の便宜を与えることについてはそれとは別の次元の問題であり異議を唱えたい。

よって，本書においては，次の四点を提案する。第一に，宗教法人の収益事業を明確にすべきである。第二に，宗教法人の収益事業所得に対する法人税率には普通法人並みの税率を適用すべきである。第三に，専ら宗教法人の本来の用に供する境内建物・境内地であっても市場価格にもとづいて時価評価し課税対象とすべきである。仮に，文化価値の高い文化財であったとしても専門家の鑑定により評価することは可能である。現行のように，専ら宗教上の用に供する建造物，伽藍，仏像および経典などを相続税の課税対象からはずすのであれば，少なくとも収益事業所得に対する法人税率は普通法人並みに変更すべきである。第四に，宗教法人の活動内容および財政状態を明らかにするため，指針にもとづく計算書類等に対して監査法人等からの外部監査を導入すべきである。この場合，監査対象とする計算書類等について指針をそのよりどころとするのは，既述のように指針が宗教法人法の趣旨を適切に実行するための手段として位置づけられるからである。

第4節　医療法人の事業承継

Ⅰ　医療の現状

21世紀の医業経営は，医師数および病院数が適量を超え試練の時代を迎えた。例えば，平成37 (2025) 年における医療業界の需給ギャップを予測すれば，特別養護老人ホームは30.3万人の入所定員数が不足し，また，老人保険施設も20.7万人の入所定員数が不足するのに対し，逆に，病院は23.2万の病床が過剰状態となり，一般診療所も4.6万床の病床が過剰状態となる[31]。

また，平成18 (2006) 年6月21日，中央社会保険医療協議会総会における第15回医療経済実態調査の報告によれば，医療法人を含む病院の医業収入および医業収入は大きく減少しており病院経営は厳しい状態にある。

さらに、介護保険法案および医療法改正法案が第141回臨時国会の参議院本会議で可決され、再度、衆議院本会議において再議決のうえ成立した。この法案の成立は、医業分野の業務内容を拡大化させ医業大変革の時代を到来させた(32)。

特に、非医師による理事長の誕生の可能性と営利法人による病院コンサルタント業務への参入は、既存の病院経営者に大きな衝撃を与えコスト管理を徹底させる契機となった(33)。病院経営者のなかには、既存の医療法人から独立させて病院事務（保険請求等）および病院業務（給食・検査等）を担当させることを目的として別法人を設立し、実質的に医療法人の利益分配を行う者が出現した。さらに、医療法で制限されている物品販売等の業務に伴う収益業務をMS（メディカルサービス）法人を通じて間接的に実施する者さえも登場した(34)。また、個人診療所から医療法人に転換した場合、税法上のメリットを得られる(35)。

現在、医療法人は増加の傾向を示している。この原因は、医療法の改正に伴う医療法人の創設に由来する。医療法は、昭和23年（1948）年に国民健康の保持等を目的として制定されたが、図表4-4のように改正されている。

【図表4-4】 医療法の改正

改正年	主要改正点
昭和25（1950）年	・医療法人制度の創設　等
昭和60（1985）年	・一人医師医療法人制度の創設　等
平成 4（1992）年	・医療法人の業務拡張 ・収支計算書の損益計算書への変更　等
平成 9（1997）年	・医療法人の業務拡張 ・特別医療法人制度の創設　等
平成12（2000）年	・医療情報の提供推進　等
平成18（2006）年	・社会医療法人の創設　等

特に,「昭和60年12月の第1次医療法改正による一人医師医療法人制度の創設,その後の社会保障制度改革や医療需要の変化,介護保険制度の施行に伴う介護市場の拡大等であり,このような経営環境の変化に呼応して医療法人はその業務内容を拡張・多様化した」[36]といえる。

Ⅱ　出資持分の評価

医療法第39条は,「病院,医師若しくは歯科医師が常時勤務する診療所又は介護老人保健施設を開設しようとする社団又は財団は,この法律の規定により,これを法人とすることができる」と規定する。

つまり,医療法人とは,医療法第39条にもとづいて,病院,診療所(医師または歯科医師が常勤している場合)若しくは介護老人保健施設の開設を望む社団または財団に対して法人格が付与されたものである。

この医療法人の形態は,第一に持分の定めのある社団,第二に持分の定めのない社団,第三に財団の三つに分類されるが,これらのなかで持分の定めのある社団が医療法人の多数を占めている。

そして,これらのなかで財産上の評価問題が生じるのは,出資者が出資持分の権利を有している持分の定めのある社団についてであるが,税法上,医療法人の出資持分は有価証券に分類され,非公開株式の評価方式(類似業種比準方式・純資産価額方式・併用方式等)に準じた方式により評価される。

ただし,医療法人は,「配当が禁止されているため,配当還元方式による評価は適用されない点,類似業種比準方式で計算する際の『1株当たりの年配当金額』の要素が除外される点,各社員の議決権が平等であるため,純資産価額を算定する際の『同族株主等の持株割合が50％未満』のグループに属する株主が取得した場合に行う『20％評価減』は適用されない点など」[37]において非公開株式とはその評価方法を異にしている。

つまり,医療法人の出資持分の評価方法としては,特例的評価方法である配当還元方式は採用されない。

III 相続税法第66条第4項の適用

相続税法第66条第4項(以下,「第66条第4項」とする)は,「前三項の規定は,法人税法第2条第6号(定義)に規定する公益法人等その他公益を目的とする事業を行う法人に対し財産の贈与又は遺贈があった場合(当該贈与又は遺贈に係る財産の価額が法人税法の規定により当該法人の各事業年度の所得の金額の計算上益金の額に算入される場合を除く。)において,当該贈与又は遺贈により当該贈与又は遺贈をした者の親族その他これらの者と第64条第1項に規定する特別の関係がある者の相続税又は贈与税の負担が不当に減少する結果となると認められるときについて準用する」と規定する。

しかし,課税庁が第66条第4項の適用対象として課税する場合もある。例えば,医療法人設立に当たって,個人病院を経営していた被相続人より宅地建物等の財産を遺贈により取得した場合に,医療法人設立のための財産の提供は遺贈者またはその親族その他これらの者と特別の関係のある者の相続税または贈与税の負担を不当に減少する結果になると判断され,贈与税の更正処分が行われたケースがある。この処分に対して控訴人は不服申立てを経由して訴えを提起したが,原審では,棄却の判決が成された(東京地判昭和四六・七・一五行集二二巻七号963頁)。その後,本件は,控訴されることになり第66条第4項の意義が法廷で問われた(東京高裁昭和四九年一〇月一七日判決 昭和四六年(行コ)第六一号課税処分取消等請求控訴事件 行裁例集二五巻一〇号1254頁)。

本件では,第一に,第66条第4項が租税要件明確主義違反に該当するか否かが問われた。判旨は,「『公益を目的とする事業を行う法人』なる用語は,その前段で法人税法上の公益法人を例示していることから,これと同様の公益を目的とする事業を行う法人を包括する概念として合理的な解釈に基づいて行うことができるから,課税庁の恣意的な裁量の余地はなく,租税要件明確主義に違反するということはできない」[38]とする。

租税要件明確主義については,「納税義務の消長その他国民の権利義務に関することがらは,できるかぎり厳格詳細に法律(地方税については条例)にお

いて規定されねばならない。租税法律主義は，もともと法規（Rechtssatz）を法律（条例）において厳格詳細に規定することにより，課税庁の恣意的な税法の解釈・適用を阻止しようというねらいをもつ。このため，税法の領域においては，不確定概念または概括条項，自由裁量規定の導入が禁止される。不確定概念等の法的意味が課税庁の判断・決定にゆだねられるわけではない。不確定概念等であればあるほど，その法的意味が他の法律規定との連関において税法解釈学的に客観的に解明されるべきである。もし，税法解釈学的にどうしても解明できない場合には，これらの不確定概念等は，租税法律主義に違反し違憲無効とされる。なお，税法の領域においては，法理論上，課税庁には本来的な自由裁量権は存在しない」[39]と説明されている。本件のように，第66条4項の確定が課税庁の裁量に委ねられるような租税法規は，租税要件明確主義に反しているといえる。

第二に，医療法人が，その他公益を目的とする事業を行う法人に該当するか否かが問われた。仮に，「公益を目的とする事業を行う法人」に該当しない場合には，第66条第4項は適用されない。判旨は，「医療事業が本来の営利事業とは異なる公益的性格を有していることは明かであり，また，医療法による種々の法的規制や行政監督等が行われていること等から，本判決は，医療法人は公益法人と営利法人の中間に位する法人とし，『その他公益を目的とする事業を行う法人』と解すべきであるとしている。その上で，医療法人のうち出資持分のない医療法人に限ってこの規定の適用があるとしている」[40]と説明する。

税務会計上，医療法人は，図表4-5のように，普通法人として確定決算主義を前提とする法人税等の課税対象とされるのに対して，公益法人等は，収益事業に限り法人税等が課税されるため両者は課税面において異なる。しかし，前述の判旨のように，医療事業が本来の営利事業とは異なる公益的性格を有していることは明白な事実である。なお，法人税の計算方法については，補足資料②に載せた。

現行，医療法人を設立した場合，医療法人の出資持分に対して相続税が課税

【図表 4-5】 法人の種類と法人税等の納税義務

法人（内国法人）			
公益法人等	協同組合等	普通法人	人格のない社団等
宗教法人・学校法人 社団法人・財団法人 他	農業協同組合・森林組合 漁業協同組合・信用金庫 他	株式会社・合名会社 合資会社・医療法人 他	PTA・学会・同窓会 他
収益事業部分にのみ納税義務あり。税率は，22%である。	納税義務あり。税率は，22%である。	納税義務あり。税率は，資本等の金額が1億円超の場合には30%であり，1億円以下の場合には，22%（年800万円以下の所得）または30%（年800万円超の所得）である。	収益事業部分にのみ納税義務あり。税率は，22%（年800万円以下）または30%（年800万円超）である。

（注）特定医療法人の税率は，所得金額の22%である。
（出所）髙沢修一『会計学総論』森山書店，2003年，24ページにより作成。

される。そのため，事業承継面における節税効果を目的として特定医療法人の設立が増加している[41]。

特定医療法人とは，措置法第67条の2に定める国税庁長官の承認を受けた医療法人のことであり，財団医療法人または社団医療法人で持分の定めがないもののうち，その事業が医療の普及および向上，社会福祉への貢献その他公益の増進に著しく寄与し，かつ，公的に運営されていることにつき一定の要件を満たすものことをいう[42]。

なお，この特定医療法人は，あくまでも税法上の医療法人であり，医療法上においては，財団医療法人または社団医療法人（出資持分の定めのない）に該当することになり，平成14（2002）年3月末現在で特定医療法人の承認を受けた医療法人は全国で325件を数える[43]。

Ⅳ 病院会計への提言

国民医療費は，高齢化の進展に伴い漸次増加の傾向を示しており，それに対応するため将来的には国民負担の増加も予測される。この国民負担増を説明するためには，病院の経営状態の開示が求められることになり，ここに準則整備の必要性が生じたのである。

準則は，昭和38（1963）年の厚生省医務局による病院勘定科目の規定をうけて，昭和40（1965）年10月13日（医発第1233号厚生省医務局医務局長通知）に制定され，その後，昭和58（1983）年8月22日（医発第824号厚生省医務局医務局長通知改正）に，医業経営の安定性，透明性および効率性を目的として全面的に改定され，そして整備されてきた。

この準則は，企業会計方式を導入し，共通基準にもとづく財務諸表を作成しているが，これにより種々の経営指標に照らした経営判断が可能となり財務的基盤も確立された。

つまり，準則は，病院経営における経営成績と財政状態とを適正に把握することより，病院間の経営状態の比較を可能とするという役割を担っている。そして，準則は，病院経営の改善向上に影響を与えることを目的としており，ここに準則の存在意義が窺える。

しかし，前回の改正からかなりの歳月が経過し病院経営環境の変化や会計基準等の国際化により準則は再検討の時期を迎えている。このため，平成14（2002）年7月厚生労働特別研究事業の研究班が組織され「病院会計準則及び医療法人の会計基準の必要性に関する研究」にもとづいて準則の改正案が検討され，この改正案では財務諸表体系を見直し，キャッシュ・フロー計算書を財務諸表の体系に組み込み，逆に配当等や利益処分の可能性がないことから利益処分計算書が財務諸表の体系から除外することが検討された[44]。

そして，平成16（2004）年8月19日，準則は平成14（2002）年の改正案を受けて抜本的な見直しと改正が行われた。

現在，病院会計における財務諸表の体系は，貸借対照表，損益計算書，キャッシュ・フロー計算書および附属明細表により構成されている。

このうち，貸借対照表においては，資本の部が廃されて純資産の部が創設された。純資産の部に計上される純資産は，「病院運営活動を通じた損益計算の結果，増加又は減少するだけでなく，非償却資産の取得にあてる補助金，その他有価証券の評価差額等が発生した場合，さらには同一開設主体の他の施設又は開設主体外部との資金等の授受によっても変化する」[45]ことになる。

また，医療法人の損益計算書においては，損益は次のように計算されている。医業収益から医業費用を差し引くと医業利益または医業損失が算定され，医業外収益を加算し医業外費用を差し引くと経常利益または経常損失が算定される。そして臨時収益を加算し臨時費用を差し引くと税引前当期純利益または税引前当期純損失が算定され，法人税等を差し引くと当期純利益または当期純損失が発生する。

　医療法人の損益計算書においては，入院診療収益，室料差額収益，外来診療収益等の収益項目と材料費および給与費などの費用項目の存在が中心となるが，この費用項目には，給料，賞与，賞与引当金繰入額，退職給付費用および法定福利費などが含まれており，医業経営は基本的にサービス業の性格を帯びているといえる。

　準則における財務諸表は，一般企業会計の財務諸表と概ね同一様式であり類似性が強い。しかし，準則においては医業経営の実態を正確に把握するため，退職給付会計，リース会計および研究開発会計などが積極的に導入されている。

　医業経営において株式会社化が進展した場合には，従来とは比較にならないほど医業経営において開示の重要性が問われることになる。もちろん，医業経営の財務的基盤および収益性が重要な要因であることに変わりはないが，それに加えて，病院スタッフに対する内外からの評価も問われることなる。つまり，医療スタッフに対して好待遇の条件を提示する病院には多数の優れた人材が集まり，これは，患者に対する一種のサービス提供といえ医業経営の安定化にも繋がる。

　従来，わが国の医療分野は非営利を前提としていたが，平成15（2003）年2月27日，政府は，構造改革特区に限定して株式会社の医療参入を容認した。すでに，平成14（2002）年11月27日現在で，わが国の公開会社においては，NTT西日本金沢病院，NTT東日本関東病院，NTT東日本東北病院，川鉄水島病院，関西電力病院，キッコーマン総合病院，京都専売病院，札幌鉄道病院，東京電力病院，東芝病院，トヨタ記念病院，日立製作所水戸総合病院，富士通川崎病院，マツダ病院，三菱重工業長崎造船所病院，および三菱名古屋病院

（五十音順）などの株式会社病院が設立されている。

　病院の株式会社化は医業経営者の資金調達を容易にするが，医療法人と株式会社の相違点は出資者との関係にある。医療法人おいては医療法により出資者に対する配当は禁止されているが，株式会社においては積極的に配当を行うことが責務ともいえる。なぜならば，資本主義経済体制下において，企業は一定の制約の下で自由な経営活動を許容されているが，同時にその経営活動に対しての責任も求められるからである。

　今後，株式会社への移行が急速に進展した場合には，出資者に対する配当が実現されなければならない。同時に，医業経営に対する強制的な外部監査の実施や病院格付けによる病院評価も重要になる[46]。

　また，平成18（2006）年6月，医療制度改革関連法が成立し，平成19（2007）年4月1日には，図表4-4のように医療法改正による医療法人制度の改革が施行される。

　本改正は，公共性の高い医療法人の制度的再構築を目的としており，地域住民が参画した社会医療法人制度が創設されることになる。この社会医療法人は，一定の認定要件を充足させたうえ都道府県知事より認定を受けた医療法人のことであり，経営状態の悪化傾向を示す自治体病院等の公的医療機関の代替機関として期待されており，従来の法人税法上の特例対象となる特定医療法人とはその性格を異にする。一定の認定要件（同族が占める割合が3分の1以下であり，救急医療等確保事業を実施すること等）を充足させたうえ都道府県知事より認定を受けた存在である社会医療法人が特定医療法人の代替機関として誕生する。なお，平成19（2007）年3月31日までに設立認可申請を行った社団たる医療法人については，「当分の間」，本改正の適用の除外対象となるが，それ以後に設立認可申請された医療法人については，拠出型医療法人として認可されることになる。本改正により，医療法上の医療法人の形態は，①出資持分の定めのある社団たる医療法人（以下，「既存型医療法人」とする），②拠出型医療法人，③社会医療法人の三者に区分されることになる。

　今後，既存型医療法人は自主的に拠出型医療法人へ移行し，特定医療法人は，

認定により社会医療法人へと移行する。また，特定医療法人が社会医療法人の認定を受けた場合には，22％の法人税率が適用されることになる。一方，社会医療法人の優遇措置については，平成19（2007）年度税制大綱では記載されていないため，新公益法人制度の施行までの間は30％の法人税率が適用される。

既述のように，事業承継には，事業者承継と事業承継とにわけて検討すべきであるという見解があるが，この見解によれば既存型医療法人の設立は事業者承継として認識され，それに対して社会医療法人への移行は事業承継として認識できる。なぜならば，社会医療法人は，医業を家業から分離させて公共性の高い医療サービスを事業として地域住民に提供することを可能とするからである。

また，21世紀の医師過剰時代を迎え，医業経営者および医業承継者には医療技術の習得だけではなく，マーティング能力やコスト管理能力，そして経営マインドの涵養が求められることになる[47]。

小　　括

本章では，事業承継税制の拡張について考察した。わが国の戦後税制は，シャウプ勧告に多大な影響を受けている。そのため，第1節では，わが国の戦後税制に多大な影響を及ぼしたシャウプ勧告を中心に事業承継税制の限界について考察した。

シャウプ勧告においては，事業承継に対応した税制の整備については構想外であり，そのため事業承継税制誕生以前の非公開会社の事業承継における相続税額の負担は重いものであった。事業承継税制は，非公開会社の相続税の納税負担を緩和する存在として社会的に大きな役割を果たしたといえる。しかし，事業承継税制は，非公開会社をその対象としており，世襲制のケースが多くみられる農業，宗教および医業の領域については取り上げられていない。

第2節では，猶予制度について考察した。事業承継税制では，農業の事業承

継について何ら触れられていないが，それは猶予制度の存在に起因すると推測できる。そのため，農業の事業承継について猶予制度を中心に考察した。現行の猶予制度は，措置法にもとづいているが，猶予制度を事業承継税制のなかに組み込むことを提案したい。

同様に，宗教の事業承継も事業承継税制では触れられていない領域である。このため，第3節では宗教法人を中心に宗教の事業承継について考察した。

宗教法人の関連法案としては，宗教法人法が存在する。宗教法人法が施行され，その宗教法人法を前提としこれを適切に実行するため指針が提案されている。また，宗教法人は，収益事業のみに法人税が課税される。このため，第3節では，宗教法人の収益事業該当性について考察し，併せて宗教法人が有する税務会計上の問題点について，①宗教法人の収益事業を明確にすること，②宗教法人の収益事業所得に対して普通法人並みの税率を適用すること，③宗教上の用に供する建造物，伽藍，仏像および経典等であっても相続税の対象とすること，④指針にもとづく計算書類等に対して監査法人等からの外部監査を導入することを提案した。

そして，第4節では，事業承継税制では触れられていない医業の事業承継について医療法人を中心に考察した。

平成18（2006）年現在，わが国の医業経営は医師数および病院数の適量を超えた増加により試練の時期を迎えており，税務上のメリットを有する医療法人が増加の傾向を示している。

また，第5次医療法改正により，地域住民が参画した社会医療法人が創設されることになったが，この社会医療法人は，事業承継に影響を与える可能性を有する。なぜならば，社会医療法人の創設は，公共性の高い医療サービスを事業として地域住民に提供することを目的としており，必ずしも親族等を主とする事業承継者への事業承継を前提としてはいないため，医業を医師の家業から分離した事業承継の形態として確立させるからである。

わが国の国民医療は，高齢化の進展に伴い漸次増加の傾向を示しており，それに付随して国民の負担増も予測される。負担増に対する国民の理解を得るた

めには，病院の経営状態の開示が求められることになり，準則が改定されそして整備されてきたのである。

　この準則の改定は，病院会計における財務諸表体系の見直しを促し，病院間の経営状態の比較が可能となった。よって，第4節では，準則の内容についても考察した。

注
（1）　富岡幸雄『事業推進型承継税制への転換—事業承継税制の推移と改革構想—』ぎょうせい，2001年，60ページ。
（2）　同上　25ページ。
（3）　事業承継税制改正前の「"同族会社に属する小会社については，資産を相続税評価額で評価し，それを基として純資産の相続税評価額を算出し，その額を発行済株式数で除し，1株当たりの評価額とする"いわゆる『純資産価額方式』を採用していた」ため，事業の承継は財産の承継と同一であると認識されていた。
　　　　　（出所）右山昌一郎『事業承継対策』中央経済社，1996年，118ページ。
（4）　北野は，「何代も続いた老舗やいわゆる地場産業等の存在自体が人々の地域社会を豊にする。それゆえに，そのような事業承継への『助成』は，地域社会の人々の精神生活を含む生存権保障および『文化的遺産』の保護に資する」と述べる。つまり，北野は，憲法の応能負担原則および地方自治（憲法第92条以下，古い老舗などの維持・存続自体が各地域社会の豊な生存権保障につながる）の観点からこの事業承継税制をとらえ，恒久的な税制とは異なりバブル経済に配慮したバブル対応税制として位置づけられると評価する。また，北野は，「現行の事業承継税制はこのような画一的な相続税制を前提にして課税価格の計算において部分的な配慮を行うものに過ぎない。評価制度を含めて，相続の態様に応ずる課税の仕組みが類型的に区別して構築される必要がある」と説明する。そして，「要するに，画一的な相続税制を前提にして課税最低限額の一般的引き上げ，現行の小規模宅地等の特例のごとき部分的な課税価額の縮減等の措置を講じても問題の抜本的解決にはならない」と補足する。既述のように，北野は，相続の態様を農家相続，中小企業相続，資産家相続等のいくつかに類型化し相続財産の評価において各類型に合致した課税価格（課税方法），税率，納税方法等の採用の必要性を強調する。また，北野は，租税体系のあり方について「直接税を中心に租税体系を構築するのが妥当である。まず，法人税，所得税等の所得課税を中心とする。法人税，所得税等の所得課税は，いわゆる平準税化ではなく応能負担原則の趣旨に適合した超過累進税とすべきである。つぎにこの所得課税を補完する租税として土地，借地権，株式等（これらはすべて表現財産）に対する直接税としての限定財産税を整備する。さしあたり大企業にたいして，この限定財産税を課税する。個人についても，現代では，資産格差がはげしいので，同じく補完税として一定以上の資産家に対して，右の限定財産税（個人の生存権的財産を課税対象から除外する）

を課税する。この限定財産税が体系的に整備される場合には，現行の固定資産税等との調整を行う必要があろう。以上の所得課税および財産課税である直接税を補完するものとして特定のサービスをふくむ個別消費税（大型間接税である一般消費税ではない）を整備する」と述べる。つまり，北野は，租税体系のあり方について，超過累進税率にもとづいた法人税および所得税等の所得課税を主体とした直接税を中心とし，次いで，大企業および一定以上の資産家に対する限定財産税という直接税を整備し，その直接税の補完的存在として個別消費税を配した税法体系を構築するべきであると明示する。事業承継税制は，北野が提唱する租税体系の中では，限定財産税の範疇に含まれる。

　　　（出所）北野弘久『現代企業税法論』岩波書店，1994年，384-386ページ。『税法問題事例研究』勁草書房，2005年，314ページ。『税法学原論〔第五版〕』青林書院，2003年，58ページ。

(5)　安岡重明『財閥経営の歴史的研究－所有と経営の国際比較－』岩波書店，1998年，44ページ。

(6)　常秋美作「農業生産法人の会計問題」松田藤四郎・稲本志良編著『農業会計の新展開』農林統計協会，2000年，60ページ。

(7)　生産緑地とは，生産緑地法第2条第3号に規定する生産緑地のことを指し，生産緑地の価額は，生産緑地でないものとして評価したその土地の価額に一定の調整率を乗じることにより算定される。ただし，課税時期において同法第10条の規定により市町村長に対し生産緑地を時価で買い取るべき旨の申出（買取りの申出）を行った日から起算して3ヵ月（旧第2種生産緑地地区に係る旧生産緑地地区にあっては1ヵ月）を経過しているものは該当しない。

　　　（出所）藤田良一『相続税・贈与税・地価税　財産評価の実務〔改訂版〕』中央経済社，1993年，154ページ。

(8)　評価通達36-4によれば，市街地農地とは，「次に掲げる農地のうち，そのいずれかに該当するものをいう。①農地法第4条（農地の転用の制限）又は第5条（農地又は採草放牧地の転用のための権利移動の制限）に規定する許可（以下，『転用』という。）を受けた農地，②市街化区域内にある農地，③農地法の規定により，転用許可を要しない農地として，都道府県知事の指定を受けたもの」とその範囲を規定されている。

　　　（出所）品川芳宣監修，前田忠章・大森正嘉編『財産評価基本通達の疑問点』ぎょうせい，2002年，147ページ。

(9)　評価通達40によれば，市街地農地の価額は，「その農地が宅地であるとした場合の1平方メートル当たりの価額からその農地を宅地に転用する場合において通常必要と認められる1平方メートル当たりの造成費に相当する金額として，整地，土盛り又は土止めに要する費用の額がおおむね同一と認められる地域ごとに国税局長の定める金額を控除した金額に，その農地の地積を乗じて計算した金額によって評価する。ただし，市街化区域内に存する市街地農地については，その農地の固定資産税評価額に地価事情の類似する地域ごとに，その地域にある農地の売買実例価額，精通者意見価格等を基として国税局長の定める倍率を乗じて計算した金額によって評価することがで

きるものとし，その倍率が定められている地域にある市街地農地の価額は，その農地の固定資産税評価額のその倍率を乗じて計算した金額によって評価する」と規定される。
(10)　常秋，前掲稿，66ページに詳しい。
(11)　同上　66ページに詳しい。
(12)　平成3（1991）年度の改正により三大都市圏の特定市の市街化区域の農地については，生産緑地地区内の農地を除き贈与税の猶予制度は廃止されている。
(13)　平成3（1991）年度の改正により三大都市圏の特定市の市街化区域の農地については，生産緑地地区内の農地を除き相続税の猶予制度は廃止されている。
(14)　秋元照夫「農地課税及び農地評価の問題点」北野弘久・小池幸造・三木義一編著『争点相続税法（補訂版）』勁草書房，1996年，284ページに詳しい。

猶予制度の概要

項目	内容	
相続人	三大都市圏農業相続人（A）	
	A以外の農業相続人　（B）	
納税猶予対象財産	A農業相続人	都市営農農地等
	B農業相続人	農地・採草放牧地・準農地 （特定市街化区域農地等除）
納税猶予期限	A農業相続人	死亡の日
	B農業相続人	死亡の日又は20年経過の日 生前一括贈与時は贈与の日
	※　その日がきたら猶予税額は免除される。	
納税猶予税額	① 通常の方法による相続税総額 ② 農業投資価格による相続税総額 ③ 納税猶予税額①－②	
	※　納税猶予されるのは，農業投資価格を超える部分だけである。	
納税猶予税額 全部ストップ	① 任意譲渡の合計が，特例農地等の面積の20%超となる場合 ② 特例農地等に係る農業経営を廃止した場合 ③ 特例農地等の全部を生前一括贈与した場合 ④ 3年ごとの納税猶予継続届出書を提出しなかった場合 ⑤ 担保変更命令に応じなかった場合	
	※　猶予税額の全額と申告期限からの利子税6.6%を納付する。	
納税猶予税額 一部ストップ	① 任意譲渡等の合計が，特例農地等の面積の20%以下の場合 ② 収用等により特例農地等を譲渡等した場合 ③ 納税猶予の特例の適用を受けた都市農地等について，買取りの申	

	し出があった場合
	④ 特例適用農地等が都市計画の決定変更等により，特定市街化区域農地に該当することになった場合
	※ その事実に見合う猶予税額と申告期限からの利子税6.6%を納付する。

(出所) 同上 284ページ。

(15) 秋元，前掲稿 (1996年) 285ページ。
(16) 農業者が相続税の猶予制度の適用を受けるためには，次に掲げる条件を充たさなければならない。①相続する農地は，被相続人が自ら耕作していた農地であること。②農業相続人（法定相続人）は，相続発生後，申告期限までに農地を分割取得して農業経営に従事すること。③申告期限までに特例農地の全部または猶予を受ける税額にみあう農地を担保にいれること。（ただし，特例農地の全部を担保に入れた場合には，継続して20年間担保に入るが，猶予税額にみあう分のみを担保に入れた場合は，3年ごとに担保農地の届出をしなければならない。）
(出所) 藤崎幸子『新訂農家の相続税』農山漁村文化協会，1994年，93ページ。
(17) 宗教法人法は，三人以上の責任役員を置き，そのうち一人を代表役員とすることを規定している。責任役員は意思決定機関であり，宗教法人の宗教的事項以外の事項（予算，決算，特別財産や基本財産の設定・変更，不動産等の取得・処分等，規則の変更並びに細則の制定・改廃，合併並びに解散及び残余財産の処分，事業の管理運営等々）を決定する。また，代表役員は，事務（規則の変更・合併および任意解散の認証の申請，財産の処分等並びにその公告，公益事業その他の事業の実施，財産目録等の作成・備え置き並びにその提出，各種登記の申請，登記事項の届け出）を総理する。
(出所) 平野　武・齊藤　稔共著『宗教法人の法律と会計』晃洋書房，2001年，84-85ページ。
(18) 臼井宏三郎『宗教法人の会計と税実務 Q&A』清文社，2002年，114ページ。
(19) 文化庁宗務課長は，非公知事実について登記事項等の公知の事項を除き，原則として開示の取り扱いを通知〈平成10 (1998) 年7月23日通知10文宗58〉している。しかし，この通知に対して反する動きもある。例えば，平成15 (2003) 年11月20日，鳥取県知事は県情報公開条例にもとづき県内の開示請求者に対して，県内2宗教法人の平成14 (2002) 年度の収支計算書および財産目録に記載された財務内容等を公開した。この件については，www.jaoro.or.jp/iken/tottori.htm に詳しい。
(20) 田中義幸・繁田勝男・神山敏夫共著『新会計指針による宗教法人会計のすべて－「宗教法人会計の指針」の逐条解説＆会計実務－』税務経理協会，2001年，5ページ。
(21) 宗教法人法第2条によれば，宗教団体とは，「宗教の教義をひろめ，儀式行事を行い，及び信者を教化育成することを主たる目的とする左に掲げる団体をいう」と規定する。なお，左とは，「一．礼拝の施設を備える神社，寺院，教会，修道院その他これらに類する団体，二．前号に掲げる団体を包括する教派，宗派，教団，教会，修道

(22) 法人税法は，33（物品販売業，不動産販売業，金銭貸付業，物品貸付業，不動産貸付業，製造業，通信業，運送業，倉庫業，請負業，印刷業，出版業，写真業，席貸業，旅館業，料理店業その他の飲食店業，周旋業，代理業，仲立業，問屋業，鉱業，土石採取業，浴場業，理容業，美容業，興行業，遊技所業，遊覧所業，医療保健業，洋裁・和裁・着付け・茶道・生花・書道等の技芸教授を行う事業，駐車場業，信用保証業，無体財産権提供業）の特掲事業を課税対象とする。

(23) 石村耕治編著『宗教法人法制と税制のあり方―信教の自由と法人運営の透明性の確立―』法律文化社，2006年，44-45ページ。

(24) 石村，前掲書（2006年）47-48ページ。

(25) 同上　40ページ。

(26) 本判決では，宗教法人が教義にもとづく宗教活動として執り行ったペットの葬祭が収益事業とみなされた。このため，宗教法人はペットの葬祭が宗教活動にあたるとして法人税の決定処分の取消訴訟を提起した。判例は，依頼人の支払い金員に任意性を認めることはできず，また人の葬儀におけるお布施と同一のものもいえない。そのため，宗教法人と依頼人との間には対価関係が生じるとする。なお，遺骨処理は倉庫業に該当し，そこに人骨埋葬を目的とする墳墓地と同様の公共性および公益性を見いだすことはできず，そして塔婆・プレート・骨壷等の販売は物品販売業に該当し，死体の取り扱いは付随的事業活動に該当し，初七日や七七日の法要も請負業に該当すると判決されている。

　　（出所）忠岡　博「宗教法人が行うペットの葬祭の収益事業該当性」『税法学』554号，2005年，115-124ページに詳しい。

(27) 北野，前掲書（1994年）230ページ。

(28) 石村，前掲書（2006年）153-154ページ。

(29) 石村耕治『アメリカ連邦税財政法の構造』法律文化社，1995年，295-296ページに詳しい。

(30) 同上 300ページ。

(31) 東京医科歯科大学大学院・川渕孝一研究室編著『病院大淘汰時代を乗り切る！「病院機能再編」経営戦略マニュアル』日本医療企画，2003年，27ページ。

(32) 介護保険法案および医療法改正法案は，平成9（1997）年12月9日に成立し，翌年4月1日に施行された。なお，医療法人に関係する内容は以下の6項目である。①医療提供に当たっての患者への説明と理解（インフォームド・コンセント）の義務規定の設置，②診療所における療養型病院群を設置（任意），③地域医療支援病院制度の創設，④特別医療法人の創設，⑤医療法人における業務拡大の容認，⑥広告事項の拡大等。

　　（出所）長　隆『Q&A医療法人の経営と税務（第3版）』中央経済社，2003年，2ページ。

(33) 医療法第46条の3は，「医療法人の理事のうち一人は，理事長とし，定款又は寄附行為の定めるところにより，医師又は歯科医師である理事のうちから選出する。ただし，都道府県知事の認可を受けた場合は，医師又は歯科医師でない理事のうちから選

出することができる」と規定する。つまり，医療法人は，医師または歯科医師である理事のなかから理事長を選出しなければならないこととされるが，医師および歯科医師以外の者を理事長にすることがやむを得ないと認められる場合で，都道府県知事の認可を受けた場合には，その他の者でも理事長に就任できるとする。

(34) 水巻中正『ドキュメント日本医師会―崩落する聖域』中央公論新社，2003年，168－169ページ。

(35) 個人診療所（開業医）から医療法人に転換した場合の税務上のメリットとしては，法人税法上のメリットが挙げられる。非法人の個人診療所は，超過累進税率で最高税率37％の所得税が適用されることになるが，医療法人は最高税率30％（二段階比率税率により22％または30％）が適用されるため節税効果を期待できる。また，病院長を始めとする親族スタッフの給与を医療法人から支払った場合には所得の分散化をはかれる。例えば，開業医時代に青色専従者給与として支給していた開業医の妻の給与を医療法人化に伴って理事の給与とすることも容認され，そして，その金額が青色専従者給与と比べ適正なものであれば必要経費として容認される。さらに，医療法人の設立により医療スタッフの意識改革をはかることができる。一方，個人の診療所であれば全額容認されていた交際費の損金算入額が，医療法人を設立したケースでは全額損金算入することが認められないという税務上のデメリットも発生する。

(36) 杉山幹夫・石井孝宜共著『新版医療法人の会計と税務』同文舘出版，2005年，4－5ページ。

(37) 熊谷安弘『株式の評価（第4版)』中央経済社，2003年，165ページ。

医療法人の出資部分の原則的な評価方法は以下のようになる。

医療法人の規模		評価方法
小法人		純資産価額 (A)
中法人	小	(A)×40％＋(B)×60％
	中	(A)×25％＋(B)×75％
	大	(A)×10％＋(B)×90％
大法人		類似業種比準価額 (B)

医療法人の規模の区分は，以下のようになる。

医療法人の規模	区分 (A)＋(B)	
	(A) 純資産価額および従業員数	(B) 取引金額
小法人	5,000万円未満または5人以下	8,000万円未満

中法人	小	5,000万円以上 5人以下を除く	8,000万円以上 7億円未満
	中	4億円以上 30人以下を除く	7億円以上 14億円未満
	大	7億円以上 50人以下を除く	14億円以上 20億円未満
大法人		10億円以上 50人以下を除く	20億円以上

(注) 従業員数100人以上の場合には，すべて「大法人」となる。

(38) 田辺安夫「医療法人と相続税　相続税法66条4項の意義」『租税判例百選（第三版）』別冊ジュリスト120号，1992年，103ページ。
(39) 北野，前掲書（2003年）92ページ。
(40) 田辺，前掲稿，103ページ。
(41) 特定医療法人は，次のようなメリットを有する。(a) 法人税の税率は一律の22％となる（医療法人は，所得のうち800万円までの部分は22％であり所得のうち800万円を超える部分は30％となり，資本金が1億円を超える法人は一律30％の税率となる）。(b) 特定医療法人は出資持分の定めのない医療法人であり出資持分所有者は存在しないため相続税は非課税となり課税されない（医療法人は，出資持分が時価評価されて相続税が課税される）。(c) 法人住民税における法人税割が軽減されて均等割額税率が最低金額になる（医療法人における軽減措置はない）。(d) 看護師・准看護師・助産婦・臨床検査技師・理学療法士・作業療法士・歯科技工士・歯科衛生士などの養成施設の不動産取得税や固定資産税が非課税となる（医療法人における非課税措置はない）。また，これらの節税効果の他に金融機関の信用度の上昇，地元住民や患者の信頼度の向上，医療スタッフの士気の向上なども挙げられる。しかし，特定医療法人におけるデメリット面も存在する。例えば，社員，役員，評議員に対して給与支払い金額の上限が設けられ，特別な利益供与も禁じられている。また，税法上，支出交際費の金額が全額損金不算入となる可能性もある。また，デメリット面とは言い難いが，特定医療法人には，原価比率制限が設けられている。原価比率制限とは，医療診療（社会保険診療，労働者災害補償保険法に係る診療および自費患者に係る診療を含む）による収入金額が，医師，看護師等の給与，医療の提供に要する費用（投薬費を含む）等患者のために直接必要な経費の額に1.5倍を乗じて得た額の範囲内であることであり，原価比率は約66％以上でなければならないと規定される。特定医療法人の設立は，前述のようにメリットとデメリットの両面を有しているが，医業経営の健全化と事業承継における相続税効果を考慮した場合には，特定医療法人の設立は効果的である。
(42) 長　隆・坂田　茂共著『Q&A 特定医療法人のすべて（第2版）』中央経済社，2003年，4ページ。

(43) 同上 4-5 ページに詳しい。
(44) 平成 14（2002）年 7 月 25 日，厚生労働特別研究事業「病院会計準則及び医療法人の会計基準の必要性に関する研究」の研究班は，第 1 回の研究協力者会議を会田一雄（慶応義塾大学総合政策学部教授当時）主任研究員の下，国立保健医療科学院経営科学部長，全国老人保健施設協会会長，全日本病院会常務理事，日医総研主任研究員，日本医師会常任理事，日本医療法人協会常務理事，日本公認会計士協会常務理事，日本精神科病院協会病院管理委員会委員，日本病院会常任理事（五十音順）等の専門家をメンバーとして開催した。
    （出所）井出健二郎『完全解説最新病医院会計のすべて』日本医療企画，2004 年，472 ページ。
(45) 同上 458 ページ。
(46) 例えば，厚生労働省は，平成 15（2003）年度中に準則を制定し，翌年度から導入したが，これにより病院評価の比較検証が可能になった。
(47) 医療事業経営者がマーケティングを実践するうえで最も重要になるのは診療圏分析である。診療圏分析は，①診療圏の設定（セグメンテーション），②需要動向～地域住民ニーズ調査（人口動態・推計患者数），③マーケットシェアの算出（エリア別のマーケットシェア・診療科別のマーケットシェア）の方法により実施される。
    （出所）川渕，前掲書，50-57 ページ

第5章　人的承継の重要性

　事業承継には，物的承継と人的承継の二つの側面があるが，従来，事業承継への関心は，前者に傾斜しがちであった。実際に，中小企業承継税制問題研究会においても物的承継について審議され，その結果，事業承継税制が誕生した。しかし，事業承継税制制定から20数年の歳月を経た今日，人的承継の重要性ついても認識され始めてきた。そのため，第1節では，人的承継の重要性を把握するため人的承継の現状について考察し，第2節では，人的承継の有する第二創業の可能性について考察する。

第1節　人的承継の現状

　事業承継税制は，事業承継者に対する課税面を重視して物的承継をその対象とする。しかし，非公開会社においては，事業の後継を担う人的資源の確保は重要な経営課題である[1]。
　中小企業庁は，人的承継を対象として，「我が国に存在する経営資源の有効活用を如何に図るか，事業体を毀損することなく，事業の継続・発展を如何に円滑に実現するかが，我が国経済の発展のためにも求められている。事業体の継続・発展という観点からは，経営革新に加え，事業の承継，さらに経営資源を活かした後継者による新規事業の展開（『第二創業』），あるいは，第三者が事業体・雇用を引き継いでいくとの方法もあろう。……こうした諸般の状況に鑑み，今般，中小企業庁長官の主催する研究会として『事業承継・第二創業研究

会』を設け，学者や実務専門家，中小企業関係者の多数の参画を得て，幅広い観点から検討を行ってきた」[2]として第二創業研究会を発足させた。

わが国の産業構造において非公開会社の存在が大きいことは言うまでもない。したがって，非公開会社における経営者の高齢化とそれに伴う経営後継者の確保は重要な経営課題といえる。このため，第二創業研究会は，これらの事業継続を前提として非公開会社の事業発展のため方向性を摸索することを趣旨として発足した。

平成13（2001）年，第二創業研究会は，中間報告について取りまとめた[3]。この中間報告では，物的資源の承継ばかりでなく，人的資源の重要性についても取り上げられている点が注目できる。

第二創業研究会では，事業承継の困難さ（第1回），事業承継に対応した税制の整備（第1回），事業承継の問題点（第2回），後継経営者の教育と中小企業大学校の教育システム（第2回・第4回），第二創業としての認識（第2回），相続税に関する現状と問題点（第3回・第4回），民法を巡る論点（第5回）などについて審議された。

そして，中間報告は，前5回の審議内容を考慮しながら最終回の第6回審議において立案されたが，これにより事業承継における現状分析と今後の課題が明確になった。

その後，平成17（2005）年4月には，事業承継関連法制等研究会により，「事業承継関連法制等研究会中間報告―中小企業における円滑な事業の承継をサポートする環境の整備―」がまとめられている。本報告では，中小企業における事業承継の実態（第1章），事業承継における問題の所在（第2章），今後の課題と方向性（第3章）について検討された。

中間報告によると，経営者が事業を承継させる理由としては，以下のものが挙げられる[4]。

① 築いた技術がもったいない（45.5％）。
② 事業の成長・発展が見込めるから（36.6％）。
③ 従業員を路頭に迷わせられない（26.4％）。

④　子どもが承継するのは当然だ（18.8％）。
⑤　家業を継がせる事が長年の夢だった（12.6％）。
⑥　後継予定者が有能だから（12.4％）。
⑦　廃業しても借金が残るだけ（8.1％）。
⑧　後継予定者の生活の糧がなくなる（6.0％）。

　また，事業承継にあたっての障害としては，第一に，相続税および贈与税に関する負担感，第二に，経営権取得のための資金不足という物的承継に対する障害が挙げられ，この他に，相応しい後継者がいない，後継者に経営権を集中させることが難しい，経営のノウハウ等教育が十分にできない，社内の支持を得ることが難しい等という人的資源である後継者の存在とその後継者に対する教育や従業員との関係構築等のソフト面についての問題点が挙げられる[5]。
　中間報告により，経営者は事業を事業承継者に承継させたいという意思を有しながらも，現実的には多くの障害と呼べる問題点を抱えているという事実が判明した。
　さらに，事業承継においては経営上の問題点も指摘できる。事業承継が企業経営，特に非公開会社における最重要な経営課題であるということは明白な事実であるにもかかわらず，企業経営者の相談相手となりえる専門家が存在していないのである。実務上，事業承継問題は，物的資源に対する節税対策が主体となりがちであり，顧問税理士が担当するケースが多い。しかし，事業承継問題は多面的な経営上の問題点を抱えその事例も多様化しているため，法律学，税法学，会計学および経営学という多面的な視点から，しかも総合的に検討する必要ある。従って，弁護士，公認会計士および税理士などに相当するような公的ライセンスを設け，専門家（仮称/事業承継アドバイザー）を育成して事業承継問題の総合的対応にあたらせるべきである[6]。

第2節　第二創業の可能性

　事業承継は，世襲制にもとづく本家・分家の関係を重視した江戸商家や，家制度を重視した明治時代には重要な社会現象の一つであった[7]。そのため，わが国の近代企業の礎となった江戸時代および明治時代の企業家について検討することも重要なことである。

　しかし，本書においては，富岡幸雄が研究対象として取り上げた非公開会社に対する事業承継税制に関する研究をその中核とするため，戦後の企業家にその研究対象を限定する。ヨハネス・ヒルシュマィヤー（J.Hirschmeier）と由井常彦は，戦後の企業家について，（イ）従来の路線で行き詰まった会社の再建者，（ロ）戦前から存在した中小規模の企業の創立者で，戦後の企業者革新の時代に躍進をなしとげた人々，（ハ）まったく未知の技術を自力で開発し，新しいブランドを確立した人々に分類する[8]。

　事業承継において参考とすべき企業家は，まったく未知の技術を自力で開発し，新しいブランドを確立し，さらにそれを次代に継承した人々である。例えば，井深大（ソニー），早川徳次（シャープ）および本田宗一郎（本田技研工業）（五十音順）などの名があげられる。これらの企業家に共通してみられる特徴は，血縁以外の優秀なブレーンである事業承継者に恵まれた点にある[9]。

　既述のように，創業者に求められることは，まったく未知の技術を自力で開発し新しいブランドを確立する能力である。これに対して，事業承継者に求められることは，創業者の在職中はこれを経営面から支援し，創業者の死亡または引退後には先代創業者の興した企業を存続させ安定した発展を保障する守成の人といえる。このように，創業者（先代）と事業承継者は企業経営における両輪的存在であり，安定した企業経営を保持するための相互補完的存在といえる。

　また，ある経済誌は，会社の寿命三十年説や本業比率70％，従業員の平均年齢三十歳以上は危険の兆候という仮説を提唱したこともある[10]。つまり，

三十年の歳月を経過すると創業当時の画期的な新技術，ノウハウ，人的資源であっても色褪せてくるのである。

　例えば，かつて，日本経済の屋台骨を担っていたものは，重・厚・長・大と称される産業であったが，その後，産業構造は，軽・薄・短・小に変質を遂げ，21世紀を迎えた現在の産業界においては，IT（information technology）関連産業が隆盛を示している。

　初代の経営者からの事業承継者への経営権の委譲は，創業者の経営方針の枷から解き放たれて事業構造や経営体質を転換させる第二創業の契機となる可能性を秘めている[11]。同様に，経営理念や企業家精神などその企業独自の社是や社風に好影響を与えるものは承継すべきであるし，創業以来の営業成果である暖簾とも称されるような無形の企業財産も承継されるべきである。

　実際に，企業の経営戦略を見直して経営体質を変化させることは，一朝一夕には難しく容易なことではない。特に，社歴が長く経営業績が安定している場合や企業全体が保守的性向を帯びている場合には一層の困難さを伴う。しかし，経営史を振り返れば，産業構造の変化に対応して先駆けて経営戦略の修正や経営努力に取り組まなかった企業が漸次衰退しているという事実が浮かぶ。

　事業承継は，第二創業の大きな転機となる可能性を有している。中間報告によれば，「実際に事業承継を経験した経営者の約4割が，新分野への進出を行っていることは注目に値する。新分野に進出するタイミングとしては，承継後間もない段階のケースが相対的に多い。また，新分野に進出した後の事業の継続状況は，94.0％もの経営者が『続けている』としており，『撤退した』とするのは4.8％にとどまる」[12]ことが明らかにされた。

　初代の経営者による開業を創業とするならば，事業承継者による事業継承は第二創業といえる。第二創業研究会は，第二創業とは，新たな技術や市場に進出して事業を発展・変革させることと規定する。つまり，第二創業とは，既存の企業の企業経営者が今後の生き残りをかけて従来の経営戦略の在り方を見直すことにより自社の経営資源を有効活用させながら新事業を展開し新分野を開拓することにより事業を再構築することである。

【図表 5-1】 第二創業の分岐点

```
┌─────────────────────────────────┐
│  第二創業におけるビジネスモデルの │
│  構築                           │
└─────────────────────────────────┘
        ⇩              ⇩
┌───────────────┐  ┌───────────────┐
│ 経営理念上の  │  │ 経営戦略上の  │
│ 分岐点        │  │ 分岐点        │
└───────────────┘  └───────────────┘
```

(出所) 髙沢修一「中小企業の事業承継と後継者の育成ポイント」『税理』2007年5月号, 148ページ。

　第二創業におけるビジネスモデルの構築においては, 図表 5-1 で示すように二つの分岐点が存在する。第一は, 創業以来の企業者の経営理念を継承するのか, あるいは事業承継者が新たな経営理念を標榜するのかという経営理念上の分岐点である。第二は, 既存の事業を基盤としてこれに関連性の高い新規事業に進出するというビジネスモデルを構築するのか, あるいはまったく新しい未経験の新規市場への進出をはかるというビジネスモデルを構築するのかという経営戦略上の分岐点である。当然, 事業承継時の企業が置かれている経営環境により選択肢は変わる。

　わが国の企業経営は, 企業グループまたは企業集団などの名称で呼ばれるグループ経営により特徴づけられており, 非公開会社は, 大企業の下請けや系列下に組み込まれることにより大企業の生産過程の一部分という役割を長年担ってきた。

　しかし, 国際化の進展や産業構造の劇的な変化は, 既存の生産システムを崩壊させ, 特に経営の安定化を求め特定企業との専属契約を締結している非公開会社にとっては深刻な経営問題に発展し, 企業文化や企業体質における抜本的な改革を求められることになった。

　このように, 非公開会社は経営基盤が脆弱であるため, 経営者の子弟および親族でさえ事業承継を拒むという事態を招来させた。このため, 経営者の子弟等に依存しない事業承継の形態として, M&Aの活用もある。特に, 社歴の浅い企業においては, 経営者の親族のなかに適当な事業承継者が不在の場合が多くM&Aに対する抵抗感は少ない。しかし, 事業承継という性格を考慮した

場合には，現に経営に参画している当事者自身が譲渡後も経営陣に留まることや当該事業の継続を前提要件として，外部の金融機関や投資家に対して株式譲渡や営業譲渡等を行う MBO の方が日本の企業経営には適している。

　この MBO は，「現場に熟知した者が事業を引き継ぐため，部外者に売却する場合（通常の M&A）に比べ，事業の継続性が確保され易く，従業員の雇用への配慮も行き届きやすいというメリットがある。また，取引先等に事前に情報が漏洩するリスクが小さいことや，『身売り（＝ M&A）』でなく『のれん分け（＝ MBO)』なので社会的な受け止めもよいという意見もあり，有効な事業の継続・発展の手法として，中小企業の経営者にも受け入れ易いのではないか」[13] と考えられる。

　これは，事業承継を親から子への承継という枠組から外して，事業体の継続的発展ととらえた場合には，効果的な事業承継方法の一つであるといえる。なぜならば，「親族か否かを問わず，当該事業を発展させる能力を最も有する者に任せることが，個々の企業としても，また我が国経済全体としても，合理的な選択である」[14] と評価できるからである。

　このように事業承継時を新たな事業経営における一つの転換期としてとらえ，第二創業の起点としてビジネスモデルを構築するならば，人的資源の承継は重要な経営戦略の一環として位置づけられる[15]。

　従来，事業承継は，物的資源の承継対策について傾斜しがちであった。例えば，昭和 50（1980）年代に富岡幸雄を座長とする中小企業承継税制問題研究会が発足し，非公開株式と土地とを対象とした事業承継税制が制度化され，その後，数度の改正を重ね是正されている。

　なお，事業承継税制の理念，誕生までの経緯および発展過程などについては，本書の第 2 章において考察した。事業承継税制の制定から約 20 年の歳月を経て事業承継税制の整備を主たる目的として発足した第二創業研究会においては，中小企業承継税制問題研究会では当初の構想外であった人的資源の重要性についても審議された。

　企業は人なりと評され，企業経営において従業員が人的資源として重要な経

営資源の一端を担う存在であることには衆目の一致をみる。しかし，企業経営において最も重要な人的資源とは，経営戦略や経営ビジョンを構築し企業の将来方向性の最終決定権を有する存在である企業家自身であり，さらに後継を担う存在としての事業承継者であるといえる。

小　　括

　中間報告によれば，非公開会社における経営者の高齢化に伴う事業承継者の確保は重要な経営課題であると認識できる。例えば，人的承継における障害としては，相応しい事業承継者が存在しないことや事業承継者に対して十分な教育ができないこと等が挙げられる。

　企業経営における創業者と事業承継者との関係は両輪的な存在であり，また，安定した企業経営を保持するための相互補完的な重要な存在ともいえる。このため，事業承継においては，事業承継を単なる親族間の承継として認識するのではなく，事業体の継続的発展としてとらえMBOを用いた事業承継も検討すべきである。

　しかし，人的承継にとってより重要なことは，人的承継を企業経営のなかでどのように位置づけるかということである。

　事業承継は，第二創業の転機となる可能性を有しており，初代の経営者による開業を創業とするならば，事業承継者による事業承継は第二創業と位置づけることができる。

　第二創業とは，事業承継を新たな事業経営における転換期として認識し，将来の企業存続のために従来の経営戦略のあり方を見直し新たなビジネスモデルを構築することである。

注
（1）　わが国の中小企業経営者は，55歳以上の経営者の割合が増加し，逆に40歳未満の経営者の割合が大幅に減少しており，特に，自営業者に占める若年者層の割合は，低水準で推移しており，55歳以上の高齢者層の増加が顕著である。

(出所)中間報告 図表7。
(2) 前掲『中間報告』2-3ページ。
(3) 第二創業研究会は,品川芳宣座長(筑波大学教授当時)の下,国民生活金融公庫理事,全国青色申告会総連合専務理事,全国商工会連合会専務理事,全国中小企業団体中央会専務理事,全国法人会総連合専務理事,中小企業金融公庫理事,中小企業総合事業団理事,東京商工会議所常務理事,日本商工会議所常務理事(五十音順)等の専門家により構成されている。
(4) 前掲『中間報告』 図表9。
(5) 同上 14-17ページ。
(6) NPO法人日本フィナンシャル・プランナーズ協会は,FP養成教育のカリキュラムのなかに,相続・事業承継分野の内容を取り入れている。
(7) 江戸時代の商家のたとえに,「売家と唐様で書く三代目」という三代目の重要性について注目した言葉がある。つまり,江戸時代の商家は,事業承継を重視し,家訓により事業承継者の遵奉すべきことがらについてきめ細かに定めている。
(8) ヨハネス・ヒルシュマィヤー・由井常彦共著『日本の経営発展』東洋経済新報社,1977年,392-393ページ。
(9) 事業承継者としては,盛田昭夫(ソニー),佐伯 旭(シャープ)および藤沢武夫(本田技研工業)の名があげられる。このなかで,藤沢武夫は,本田宗一郎とともに同時に引退したため厳密な意味での事業承継者とはいえない。しかし,両者は常に実質的に対等関係を維持し,技術(本田)と営業・財務(藤沢)役割分担をすることによりパートナーシップにより強く結ばれていた。このため,通常の経営者と企業参謀の関係とは異なり,両者の関係は血縁も凌ぐような密接なものであり,その存在感は事業承継者に類似する。
(10) 日経ビジネス編著『続々会社の寿命』新潮文庫,1989年,3ページ。
(11) 株式会社大阪有線放送社(以下,「大阪有線」とする)の事業承継者である宇野康秀は,自力で人材派遣会社インテリジェンス(公開会社)を立ち上げ,その後,大阪有線に戻り,同社を株式会社USEN(以下,「USEN」とする)へと発展させた。宇野康秀は,大阪有線時代に築いた有線放送の独占的地位(市場シェア80%という世界最大規模の有線放送サービス)に満足することなく,ブロードバンド・通信事業や光ファイバーサービスなどの新規ビジネスに事業展開を図っている。つまり,USENの存在は,第二創業の典型的な事例といえる。また,松井道夫(四代目)が代表取締役を務める松井証券のケースも第二創業の好例といえる。松井は,代表取締役就任後の1998年に本格的なネット証券事業に参入し,ネット取引を用いることにより同社を信用取引の分野で野村證券を抜き業界トップに成長させた。
(12) 前掲『中間報告』32ページ。
(13) 同上 44ページ。
(14) 同上 39ページ。
(15) 髙沢修一「中小企業の事業承継と後継者の育成ポイント」『税理』2007年5月号,146-152ページに詳しい。企業の経営戦略上,人的資源としての事業承継者の教育は重要な位置を占める。なぜならば,事業承継を円滑に行うためには,事業承継者に

対する承継者教育が重要な要因となるからである。平成18 (2006) 年7月現在,事業承継の専門教育機関としては,昭和54 (1979) 年に開校され,既に26期・572名の修了生を輩出している中小企業大学校の経営後継者研修〈東京校〉(以下,「後継者研修」とする)がある。なお,後継者研修では,経営者マインド開発,能力開発,経営戦略,マーケティング,財務,人的資源管理,経営基礎,情報化,経営法務,海外研修等がカリキュラムにあげられるている。

第6章 要約と結語

第1節 要　約

　本書は，わが国の事業承継について検討したものである。すなわち，①事業承継税制再検討の必要性，②会計制度と税体系とのシステム化，③第二創業を担う人的資源の重要性などについて考察している。第6章第1節「要約」においては，第1章から第5章における内容を要約する。

　第1章「序論」においては，事業承継研究の意義を明確にし，それに対する研究方法について述べた。事業承継を税務会計の視点から検討するにあたり，事業承継に関する先行研究について分析し，考察した。

　事業承継という学問的領域は，富岡幸雄により研究の扉が開かれたが，富岡が目標としたことは，"学問的成果の実務への反映"であり，それは事業承継税制として結実した。

　第2章「事業承継税制の概要」においては，第一に，事業承継税制の理念と展開について，事業承継税制誕生までの経緯と非公開株式および特例制度の改正について歴史的に整理し，考察した。

　日本経済の根幹を形成する非公開会社の事業承継に関する税制研究が大きく脚光を浴びるのは，昭和55（1980）年10月に，富岡を座長とする中小企業承継税制問題研究会が結成され様々な審議がなされてからである。

　中小企業承継税制問題研究会において審議された内容は，非公開株式と特例制度に対する資産評価と課税方法の整備であり，中小企業承継税制問題研究会

の研究成果が非公開会社に対して与えた影響力は大きく画期的な試みであったことを述べた。

　第二に，非公開株式と特例制度を中核とする事業承継税制に対しては，その存在意義の是非について研究者および専門家の間でも評価が分かれ様々な見解があるが，そのなかでも代表的な見解と思われるものを取り上げ，それについての私見を論じた。

　第三に，シャウプの母国である米国の連邦遺産税および連邦贈与税について考察した。シャウプがわが国の戦後税制に多大な影響を与えたことは明白な事実であり，また，事業承継を取り巻く社会経済環境である戦後税制が米国からの影響を受けながら進展してきたことも事実である。よって，わが国の事業承継が国際的にどのような存在であるかを検証するために米国税制について考察したのである。

　第3章「事業承継手法の検討」においては，実務的な側面から事業承継を考察した。

　事業承継上，相続税の課税対象となる資産は，非公開株式と土地等とがその大半を占める。しかし，中小企業承継税制問題研究会が事業承継について審議を重ねていた20数年前と今日とでは，企業を取り巻く社会経済環境が大きく変化しており，それに伴いMBO，LBOおよび金庫株による物納などの新しい実務手法を検討する必要性が生じていることを述べた。

　第4章「事業承継税制の拡張」においては，中小企業承継税制問題研究会が研究対象とした非公開会社以外の領域についても研究対象とした。

　現行の事業承継税制は，画一的な相続税制の存在を前提として，非公開会社の事業承継時に発生する相続税算定上の課税価格の計算過程において部分的な配慮を行っているにすぎない。しかし，事業承継は，ひとり非公開会社にのみ発生する問題ではなく，農業，宗教および医業などの領域の事業承継においても発生する重要な経営問題であるため，事業承継の態様に応じた資産評価と課税の仕組みを構築する必要があることを述べた。

　第5章「人的承継の重要性」においては，物的承継と並んで事業承継の一方

の側面を形成する人的承継について取り上げた。なぜならば，企業経営において事業の後継を担う人的資源の確保は重要な経営課題であり，一般的に，事業承継は後継者問題と評されることが多いからである。事業承継は，単なる企業経営者の世代交代としてとらえるべき性格のものではなく，より積極的に第二創業への転機としてとらえるべき性格のものであり，そのため第二創業の有する可能性について考察した。

　補章「公開会社の事業承継」においては，会社法および税制改正等における最新の改正点を盛り込むことにより第1章から第5章を補う内容としている。具体的には，公開会社の事業承継におけるMBOの重要性について考察し，それに伴うTOB実施時における全部取得条項付種類株式の評価と課税上の問題点を中心に考察した。

第2節　結　　語

　本節では，これまでの検討をふまえた上でのまとめをしておく。
　まず，事業承継税制再検討の必要性について論じる。
　事業承継税制は，世襲制を採るケースが多い非公開会社をその対象とする。非公開会社の世襲制の多さについては，中間報告の結果からも明白である。例えば，中間報告によれば，調査対象会社の約73.7％が息子を事業承継者に想定しており，これに子供以外の親族を含めると約78.7％という高い数値になる。この傾向は，事業承継時の相続税負担額の重さと事業承継者選定の困難さとに起因する。
　しかし，世襲制のケースが多いという特徴は，非公開会社ばかりでなく農業，宗教および医業の領域においても窺える傾向である。例えば，農業は，農業人口の減少や農地等の家産承継を前提とする業態の特異性のため世襲となるケースが多い。同様に，非公開会社と経営規模において同程度の宗教および医業の領域においてもこの傾向が窺える。なぜならば，これらの領域においては僧侶や医師等の免許を必要とし，さらに地域に密着した檀家や患者への対応が求め

られるため，世襲制を採用した方が事業承継のうえで容易であるからである。

事業承継税制の代表的な見解と思われるものについては本書の第2章第2節で考察したが，事業承継税制の存在意義については，研究者および税務専門家の間で批判的な見解もある。

例えば，事業承継税制は，必ずしも現代の時代感覚とは合致しておらず，むしろ新規のビジネス展開を阻害し，また，親の遺産を当てにすることができず裸一貫で起業しなければならない者を不利にし，社会に対して不平等感を助長する恐れが生じるという批判的な見解がある。

これは，事業承継と事業者承継とは異なるものであるという見解であるが，この見解に対して私見を述べたい。もちろん，前述の見解に対して異論はないが，現実的に非公開会社の零細性と事業承継者たる資質を有した人材確保の困難さとを鑑みた場合には，「子を主とする親族」以外の者が事業承継者となることは想定しにくい。

この事業承継税制に対する批判的な見解は，公開会社または公開会社に匹敵するような大規模な非公開会社の事業承継においては的を射た見解とはいえるが，事業承継税制がその対象とする非公開会社には当てはまらない。なぜならば，公開会社または公開会社に匹敵するような規模の非公開会社は，経営規模も大きく経営状態も安定しており，しかも事業承継者となりえる資質を有する優秀な従業員が多数所属しており，事業承継時の納税資金および事業承継者の確保に悩まされている非公開会社とは本質的に異なるからである。

実際に，非公開会社の事業承継の課税対象資産としては，換金性の乏しい非公開株式および土地がその大半を占めるため，事業承継税制のような税制面における優遇措置がなければ，相続税の納税負担に耐えられず廃業に追い込まれた非公開会社の数は多かったはずである。

しかし，事業承継税制にまったく問題がないわけではない。事業承継税制は，一連の税制改正により非公開株式および土地に関する評価減を漸次拡大させてきたが，それはその場しのぎの場当たり的な措置であった。

平成18（2006）年現在，M＆Aへの対応策としてMBOによる新しい事業

承継の手法が脚光を浴びている。また，平成18 (2006) 年度税制改正において，非公開株式の物納に係る許可基準が緩和され，事業承継時の納税方法の範囲も拡大された。このような社会経済環境の変化に伴い，事業承継税制の再構築が求められている。

　例えば，以下の点で事業承継税制には不備を指摘できる。第一に，農業相続人の事業承継については，特に事業承継税制では触れられてはいないが，猶予制度により補完される。第二に，宗教法人に関する事業承継については事業承継税制でも触れられておらず，さらに他の税制上の規定も存在しない。第三に，医療法人の事業承継については，特に事業承継税制では触れられておらず，特定医療法人を除く医療法人および個人の開業医の事業承継に関しては相続税に包括されている。前述のように，世襲制のケースが多い農業，宗教および医業の事業承継について何ら触れられていない点が事業承継税制において拡張すべき部分といえる。

　もちろん，事業承継税制が非公開会社の事業承継に果たした役割は高く評価されるべきであるが，ひとり非公開会社ばかりではなく，世襲制のケースが多くみられる農業，宗教および医業などの領域においても事業承継税制が整備されるべきである。

　次いで，会計制度と税体系のシステム化について論じる。

　一般的に，税務会計は，課税の公平性の確保を目的とする法人税法を中心とし，法人税法施行令，法人税施行規則，法人税取扱通達等によって補完された制度会計のことをいう。

　つまり，現行の税務会計は，法人税の課税所得の算定を目的として財務会計上で算出された当期利益を，法人税確定申告書別表四を用いて調整し，法人税の納税額を確定させるものであると認識されている。

　そして，税務会計は，既述のように確定決算主義により算定された当期利益にもとづき納税額の算定を行っており，会計学と税法学という二つの相互に関連性を有する構成要素の集合として，納税義務の算出という納税義務の達成に向けて行動することによりシステムの要件を充足させている。

しかし，非公開会社においては，法人税額の算定のみを重視する現行の税務会計システムの適用だけでは不十分である。現行の税務会計に替わる存在として，法人税と相続税の算定を兼ね備えた新しい税務会計システムの整備が求められる。なぜならば，非公開会社は，企業の所有財産と経営者個人の所有財産とが混合した状態にあるため，相続人の地位を占める事業承継者は経営者の死後に相続税の納付が求められ，事業承継後に法人税等の納付に追われることになるからである。

　もちろん，法人が獲得した所得を対象とする法人税と被相続人の遺産を課税対象とする相続税とでは，課税対象が重複しないため二重課税には該当しないが，非公開会社の事業承継者にとって，承継時の相続税の支払いと承継後の法人税の支払という税負担は重い。

　本書では，日常取引を前提とする期間損益計算概念を前提として法人税等の算定を目的とする現行の税務会計システムに対比する存在として，人生設計にもとづく生涯損益計算概念を前提として相続税の算定を目的とする財産税務会計システムの必要性を論じた。

　また，本書では，現行の所得税，法人税および相続税により成立する国税三法に替えて，所得税，法人税および限定財産税による新国税三法の創設を提案する。

　一般的に，相続税は二つの機能を有すると評される。第一に，相続税は，特定の個人に集中した財産を社会に還元するという富の再分配機能を有しており，第二に，相続税は，所得の蓄積成果として形成された財産に対して課税するため所得税の補完機能を有している。

　実際には，税理士等の税務専門家の「経営指導」により相続税の機能は損なわれている。これは，相続税の課税対象の設定自体に誤りがあるために生じると指摘できる。現行の相続税は，個人の人生終焉を前提として成り立ち被相続人の死亡をもって開始されるが，その場合に相続人を区分することなく相続財産に対して超過累進税率にもとづいて一律に課税される。

　本書では，相続人を個人と非公開会社の事業承継者とに大別し，さらに前者

を資産家，公開会社の事業承継者，大規模医療法人の事業承継者および大規模宗教法人の事業承継者などから構成される富裕層（以下，「富裕層」とする）と，基礎控除範囲内の相続人および農業の事業承継者などの富裕層以外の層（以下，「富裕層以外の者」とする）とに区分し，後者とは分離して課税することを提案する。

　真に課税の公平性の実現を目指すならば，富裕層に対しては超過累進税率が採用されるべきであり，富裕層以外の者に対しては課税対象者の保護を目的として非課税措置が講じられるべきである。

　すなわち，限定財産税は，富裕層のみを課税対象として富裕層の有する土地，借地権および株式等に対して課税される直接税のことであり，所得の蓄積である財産に対する課税であるため課税逃れを防ぐ働きを有している。このため，限定財産税は，所得税および法人税の補完的存在として位置づけることができる。また，限定財産税では，課税対象者の保護を目的として富裕層以外の者に対しては，非課税措置が講じられるべきである。同様に，非公開会社の事業承継者に対しても課税庁の審査等の一定要件にもとづき非課税措置が講じられるべきである。

　現行の事業承継税制は，事業承継者に対する物的承継上の優遇税制として相続税の範疇に含まれているが，税制改正の度ごとにその場しのぎの軽減措置を講じるのではなく，課税システムのあり方を再検討すべきである。

　例えば，現行の所得税および法人税は，税務専門家の「経営指導」にもとづく所得隠しが行われる可能性が高く，課税逃れを完全に防ぐことは容易ではない。しかし，限定財産税は，課税対象者の範囲を富裕層に限定することにより，所得税および法人税の補完税としての存在意義を有することになる。

　本書では，限定財産税の創設と，それに付随して会計制度と税体系との再構築を提案する。

　最後に，第二創業を担う人的承継の重要性について論じる。

　従来，事業承継は，物的承継を中心に論じられてきており，事業承継税制においても人的承継は取り上げられていない。

一般的に，非公開会社の企業経営においては，事業承継者が零細な企業経営に不安を覚え家業を承継することを拒否し他に職を求めるケースが多くみられる。そのため，企業経営が魅力あるものと映るような経営努力が経営者に求められることになり，ましてや承継を期待されている者が血縁以外の者であれば，優秀な者ほど他所に活躍の場所を求める可能性が高く，この点からも事業承継者の選定，確保および育成を目的とする人的承継の重要性が窺える。
　しかし，事業承継は，単なる企業経営者の世代交代ととらえるべき性格のものではなく，より積極的に第二創業の転機としてとらえるべき性格のものである。中間報告によれば，事業承継を経験した経営者の約40％が，承継後まもない段階で新規事業分野への進出を検討している。
　つまり，初代の経営者から事業承継者への経営権の委譲は，創業時の経営方針の枷から解き放たれて事業構造や経営体質を転換させる第二創業の転機となる可能性を有する。
　また，事業承継者が承継後の企業経営における中心的な役割を担う非公開会社においては，事業承継時を第二創業の絶好のタイミングと位置づけることができる。
　実際に，企業の経営戦略を見直して経営体質を変化させることは，一朝一夕には難しく，特に，社歴が長く経営業績が安定している場合や企業自体が保守的性向を帯びている場合には一層の困難さを伴う。また，事業承継者が第二創業するためには，未知の斬新的な新技術を自社で開発するか，あるいは自社の新ブランドを市場に浸透させるなどの経営努力が必要となり容易なことではない。
　しかし，国際化の進展や産業構造の劇的な変化を伴う今日の企業経営においては，社会経済環境の変化に対応するため現状の安定に満足することなく臨機応変に経営戦略を見直し自社の経営資源であるヒト・モノ・カネ・ソフトなどを有効活用させながら新規事業を展開し新分野を開拓することが求められている。
　事業承継には，既述のように，物的承継と人的承継の二つの側面が存在する

が，前者は，事業承継時の納税資金の多寡や節税対策に重きを置くため事業承継における"消極的な側面"といえる。これに対して，後者は，事業承継をビジネスモデルの再構築の起点としてとらえるため"積極的な側面"といえ，この点に人的承継の重要性が窺える。

　そのため，本書では，物的承継を研究の中心テーマとしながらも事業承継税制では取り扱われることのなかった人的承継の重要性についても論じることにより事業承継論を体系化することに努めた。

補章　公開会社の事業承継

　第1節では，平成19年度税制改正を踏まえながら，公開会社の事業承継におけるMBOの重要性について考察する。第2節では，会社法第108条第1項，事業承継協議会中間報告，平成19年度税制改正を中心に会社法と税制改正における種類株式の評価について考察する。第3節では，会社法第108条を中心に少数株主の権利と公正ナル価値の評価について考察する。第4節では，全部取得条項付種類株式の課税上の問題点を中心にTOB実施と法人税課税ルールの明確化について考察する。なお，補章は，会社法および税制改正等の改正点を盛り込むことにより第1章から第6章を補う内容としている。

第1節　事業承継におけるMBOの重要性

　平成19 (2007) 年度税制改正において，①取引相場のない種類株式の相続税等評価方法の明確化と，②非公開株式に係る相続時精算課税制度の創設等が行われた[1]。

　また，平成19 (2007) 年6月11日，自民党（政府与党）の事業承継問題検討小委員会（平井卓也委員長）は，非公開会社の承継支援を目的として非公開株式にかかる相続減税を内容とする事業承継円滑化特例法案の制定を決定しており事業承継の重要性が窺える[2]。

　一般的に，事業承継は，物的承継と人的承継とに大別され，非公開会社固有の経営問題と考えられがちである[3]。

しかし，事業承継は，非公開会社だけの経営問題とはいえない。なぜならば，M&Aの流行によりMBOによる株式の非公開化を検討する公開会社数は，漸次増加の傾向を示しているからである。例えば，平成17（2005）年7月，アパレル業界大手のワールドは，MBOに伴うTOBの成立を発表し非公開化した。この動きに続きポッカコーポレーション，キンレイ，オリジン東秀，すかいらーく，北越製紙，キューサイおよびレックス・ホールディングスなどがMBOを実施している。

また，内閣府経済社会総合研究所の調査によれば，従来，M&Aは企業戦略を実現するための一つのツールとして位置づけられてきたが，「中小企業においても80％以上が経営戦略上有効な手段であり，そして60％以上が事業承継上有効な手段であると考えており，企業風土にはなじまないと考えているのは40％に満たない」[4]という結果が出た。このため，M&Aは公開・非公開の企業規模を問わず重要な経営問題として位置づけられる。

しかし，創業者のなかには，創業者一族により経営権の事業承継を行いたいと考える者も存在する[5]。仮に，その者が所有する法人が公開会社であれば，MBOによる非公開化はM&Aへの対抗策としても有効な手段であるため事業承継において用いる企業が増加している。このMBOでは会社法第108条（異なる種類の株式）の「全部取得条項付種類株式」の活用も予測されるが，TOBに応じることを拒んだ株主に対して意図的に配分された場合に課税上の問題点を生じさせる恐れがあると指摘できる。

第2節　会社法と税制改正における種類株式

I　会社法第108条第1項の種類株式

平成18（2006）年施行の会社法第108条第1項は，「株式会社は，次に掲げる事項について異なる定めをした内容の異なる二以上の種類の株式を発行することができる。ただし，委員会設置会社及び公開会社は，第九号に掲げる事項

についての定めがある種類の株式を発行することができない」と規定する。

この場合の種類株式の要件は，①剰余金の配当，②残余財産の分配，③株主総会において議決権を行使することができる事項，④譲渡による当該種類の株式の取得について当該株式会社の承認を要すること，⑤当該種類の株式について，株主が当該株式会社に対してその取得を請求することができること，⑥当該種類の株式について，当該株式会社が一定の事由が生じたことを条件としてこれを取得することができること，⑦当該種類の株式について，当該株式会社が株主総会の決議によってその全部を取得すること，⑧株主総会（取締役会設置会社にあっては株主総会又は取締役会，清算人会設置会社にあっては株主総会又は清算人会）において決議すべき事項のうち，当該決議のほか，当該種類の株式の種類株主を構成員とする種類株式総会の決議があることを必要とするもの，⑨当該種類の株式の種類株主を構成員とする種類株主総会においては取締役または監査役を選任すること等が挙げられる。

II 事業承継協議会中間報告の種類株式

平成 19（2007）年度税制改正の要綱に至る過程において事業承継協議会の果たした役割は大きい。事業承継協議会中間報告は，平成 17（2005）年 11 月以降，7 回にわたる検討の成果をまとめ，そのなかで事業承継円滑化の観点から普及が進展していない会社法等の分野である種類株式についての検討を示唆している。なぜならば，種類株式の評価方法についての公的な見解としては，企業会計基準委員会の実務対応報告第 10 号（「種類株式の貸借対照表価額に関する実務上の取扱い」平成 15 年 3 月公表）が存在するのみだからである。

事業承継協議会中間報告は，「基本的には評価対象となる種類株式に付与されている議決権や配当・残余財産分配請求権といった個々の権利内容（債券との類似性や，普通株式も発行されている場合には当該普通株式に比してどの程度個々の権利内容が相違しているか等）に着目して評価を行うべきであると考えられる。その際，株式の価値を，取締役選任権等のコントロール権と，配当や残余財産分配請求権等のキャッシュフロー権に分解して，それぞれの価値を評価

した上で，その組み合わせとして種類株式を評価するというアプローチが有力な方法として考えられるが，株式価値をコントロール権とキャッシュフロー権に二分することは実務上困難であるとの意見もあった」[6]と説明する。

Ⅲ 平成19年度税制改正の種類株式

従来，取引相場のない種類株式については，法令・財産評価基本通達において具体的な評価方法が明示されていなかった。国税庁は，「種類株式については，普通株式に比べて権利内容及び転換条件等がどのように異なるのかにより，個々にその発行価額が設定されるとともに，その後のさまざまな要因により時価が決まっていくと考えられる。したがって，今後，評価方法が問題となる種類株式が出てきた場合には，その種類株式について普通株式の権利内容に比べてどのような相違があるのか，転換条件はどうなっているのかなどを確認することが重要となる」[7]という見解を示している。

そのため，平成19 (2007) 年度税制改正は，取引相場のない種類株式のうち配当優先の無議決権株式，社債類似株式および拒否権株式の三類型における相続税等の評価方法の明確化を目的としている。

例えば，取引相場のない種類株式の相続税等評価方法の明確化については，「(イ) 配当優先の無議決権株式（剰余金の配当を優先する代わりに，すべての議決権を行使することのできない種類株式）は，相続時に納税者の選択により普通株式評価額から5％を評価減することが可能となり，(ロ) 社債類似株式（優先配当・完全議決権制限・一定期間後に発行会社が発行価額で取得すること・残余財産分配は発行価額を上限・普通株式への転換請求権がないことという一定の要件を満たす社債に類似した種類株式）は，社債に準じた評価（発行価額に配当を利息とみなして加算する）を行うこととされ，そして，(ハ) 拒否権付株式（少数株主が経営に一定の発言権を持っておくことのできる，特定の事項につき種類株主総会の決議を有する種類株式）は，普通株式と同様に評価する」と評価方法を明確にした。

第3節　少数株主の権利と公正ナル価値の評価

　会社法第108条は，株主総会の特別多数決によって既存の株式に全部取得条項を付すことを認めて，さらに，全部取得の決定をすることを容認する。

　つまり，会社法第108条は，第1ステップで，株主総会の特別決議を経て既存の普通株式に全部取得条項を付することを容認し，さらに第2ステップで，特別多数決により全部取得の決定をすることも容認している。

　発行会社（大株主を含む）は，図表補-1のように，株主全員の同意を伴うことなく株主総会の特別決議により定款の変更手続等により全部取得条項付種類株式の発行と，同時に同種類株式の強制的取得を可能とする。

　しかし，全部取得条項付種類株式は，特別多数決に加えて株式買取請求権により強制的に株式を他の資産に替えるという制度であるため，発行会社がその取得した株式の代替として現金，社債および新株予約権等を少数株主に対して交付した場合には，少数株主の権利を侵害する可能性を生じさせる。

　既述のように，取得条項付株式および取得条項付種類株式の場合には，全株主の同意が必要であるのにも関わらず，全部取得条項付種類株式だけは株主総会の特別決議により容認できる。この優越性は，株式買取請求権および価格決定請求権を認めることにより，取得対価に対して不満な株主を救済できると説明されるが，たとえ，少数株主に対して株式買取請求権および価格決定請求権を認めたとしても，この第108条の規定にもとづく全部取得条項付種類株式の活用は，成立の当初から少数株主の存在を無視したものであると批判できる。

【図表補-1】　会社法第108条の2段階手続き

発行会社 （大株主を含む）	株主総会の特別決議等にもとづいて 全部取得条項付種類株式を強制取得　← →　上記株式取得に対する代替として 現金・社債・新株予約権等を交付	少数株主

例えば，カネボウ株式会社（以下，「カネボウ」とする）の株式は，平成17（2006）年6月21日に最終取引価格360円で上場廃止となった。ところが，トリニティ・インベストメント株式会社は，平成18（2007）年2月に162円でTOBを実施し，カネボウもその提示価額は妥当と判断しTOBに応じた。このため，会社側と少数株主との間で買取金額が「公正ナル価値」であるか否かについて激しく法廷で争われた。

ゴーイング・コンサーンを前提とするならば，株式買取請求権は，株主に与えられるべき正当な権利の主張であり，この株主の権利を保持するためには，申請人（少数株主）が主張するように客観的な測定方法であるDCF法に拠るべきである。なぜならば，被申請人（カネボウ）が主張する配当還元方式は，少数株主間の取引等のようなごく限られた特殊なケース以外でしか採用されておらず，本件のようなグローバル企業における株主の権利を保護するためには客観的な評価方法として国際的に周知されているDCF法を採用するべきであるからである。

DCF法を採用する理論的根拠としては，異なる資産を収益率という同一の尺度で評価できるという点が挙げられる。このDCF法は，予測期間の最終年度のキャッシュ・フローを資本コストで除することにより1株当たりの評価額を算定するが，米国の投資判断，不動産鑑定，M&Aにおいて最も重要な手法であるといわれ，投資家が種々の投資対象の選択を決定するときに，収益率という同じ尺度で比較することができるという意味で唯一の評価方法であると高く評価されている[8]。

よって，カネボウの「公正ナル価格」は，DCF法により算定した価額に持分比率を乗じた価額により評価するべきであり，これは今後の指標とされるべき事例といえる。

第4節　TOB実施と法人税課税ルールの明確化

改正前法人税法の下，法人が複数の種類株式を発行している場合には，普通

株式として取り扱い自己株式を取得したときに，みなし配当課税が課税された。

しかし，平成18（2006）年の法人税法改正後，発行会社が種類株式を発行する場合には，種類株式別に1株当たりの資本金等の額の算定を行い自己株式取得時にみなし配当課税されるというように課税ルールの変更がなされたため，みなし配当課税の対象範囲が拡大することになった。

また，旧商法の下では，発行会社が取得した株式の代替対価として種類株式を交付した場合には，種類株式を普通株式に転換したとみなして法人税法上の課税関係が生じないという扱いをしてきた。

しかし，改正会社法の下では，発行会社が取得した株式の代替対価として全部取得条項付種類株式を交付することが可能となった。法人税法第24条は，「法人（公益法人等及び人格のない社団等を除く。以下この条において同じ。）の株主等である内国法人が当該法人の次に掲げる事由（自己の株式又は出資の取得等）により金額その他の資産の交付を受けた場合において，その金銭の額及び金銭以外の資産の価額の合計額が当該法人の資本金等の額又は連結個別資本金等の額のうちその交付の基因となった当該法人の株式又は出資に対応する部分の金額を超えるときは，この法律の規定の適用については，その超える部分の金額は，前条第一項第一号に掲げる金額とみなす（利益の配当又は剰余金の分配の額とみなす）。」と規定する。

このため，発行会社が，株主総会の特別決議により普通株式を強制的に買い戻せる全部取得条項付種類株式に転換し，同種類株式をTOBに応じず拒否した株主に対して割り当て，その後，発行会社が自社株を買い取った場合には，課税上の問題点が生じることになる。

原則的に，買い取り価格と1株当たりの資本金との差額に対してはみなし配当課税が適用されるため，TOBに応じるか否かにより，課税額が大きく変化することになる。例えば，株主が取得価格よりも低額でTOBに応じた場合には譲渡損失が生じ課税対象から除外されるが，TOB価格と同額またはそれを上回る価格でTOBに応じた場合には，みなし配当課税が生じることになる[9]。

前述のように，TOBに応じるか否かにより課税額が大きく変化するという

ことは，租税法律主義を前提とする課税の公平性を侵す恐れがあり，この点に問題点を指摘することができ，そのため早急な課税ルールの明確化を目的とする税制度の整備が求められる。

また，会社法第277条は，「株式会社は，株主（種類株式発行会社にあっては，ある種類の種類株主）に対して新たに払込みをさせないで当該株式会社の新株予約権の割当てをすることができる」と規定する。

平成19（2007）年6月24日，ブルドックソース株式会社（以下，「ブルドック」とする）は，同社株主総会において会社法第277条にもとづき買収防衛策発動承認の特別決議を可決し，取得条項付新株予約権の無償割当が実施された。

一般的に，取得条項付新株予約権の無償割当における取得価額はゼロであるため，非課税取引として扱われる（所得税法施行令第109条1項3号，法人税法施行令第119条1項3号）。

しかし，本件では，スティール・パートナーズ（以下，「スティール」とする）に対して，株式ではなく23億円の現金が割り当てられており，その結果として株主間の持分に変動が生じることになった。

平成18（2006）年度税制改正においては，「他の株主に対して損害を及ぼす恐れが生じない」と認められる場合には，課税の繰り延べが容認されている。そのため，ブルドックは，スティールに対して23億円の現金を割り当てている。

つまり，スティール以外の一般株主に対して配当が付与されたことにより経済的利益が生じたと考えられるが，一方，「他の株主に対して損害を及ぼす恐れが生じていない」ため課税の繰り延べが容認されると理解できる。

小　括

一般的に，事業承継は，世襲制を採るケースが多い非公開会社をその対象とする。しかし，事業承継は，独り非公開会社だけの経営問題ではなく公開会社においても生じる経営問題である。わが国では，スティールに代表される外資

ヘッジファンドによる敵対的買収が加速しており，これらの対応策としてMBOを用いた事業承継が注目を浴びている。このため，経済産業省は，買い付け価格の適正化のため，MBOの流行に伴うTOB期間を30営業日以上として対抗買収の機会を設ける等の案を検討している。

会社法の成立によりMBOの手法として，全部取得条項付種類株式の活用が注目を浴びているが，全部取得条項付種類株式の活用は，以下のような問題を生じさせている。

第一に，新会社法第108条は，株主総会の特別決議により既存の普通株式に全部取得条項を付することを容認し，さらに，特別多数決により全部取得の決定をすることも容認しており，この結果，発行会社がその取得した株式の代替として現金，社債および新株予約権等を少数株主に対して交付した場合には，少数株主の権利を侵害する可能性を生じさせる。

第二，発行会社が株主総会等の決議により全部取得条項付株式を取得し，その対価として発行会社の株式のみ（または株式および新株予約権のみ）を交付する場合には，原則的に，株主に対するみなし配当課税および譲渡損益課税が生じない。しかし，発行会社が交付した株式価額と株主が発行会社に譲渡した株式価額とがおおむね同額と認められない場合には，株主に対してみなし配当課税および譲渡損益課税が生じる。このため，発行会社が，株主総会の特別決議により普通株式を，強制的に買い戻せる全部取得条項付種類株式に転換し，同種類株式をTOBに応じることを拒否した株主に対して割り当て，その後，発行会社が自社株を買い取った場合には，課税上の問題点が生じることになる。

前述のように，TOBに応じるか否かにより課税額が大きく変化するということは，「租税法律主義」を前提とする課税の公平性を侵す恐れがあり，そのため早急な課税ルールの明確化を目的とする税制度の整備が求められる。

注
（1） 平成19年度税制改正では，相続税法の改正の他に，①減価償却制度の抜本改正，②特殊支配同族会社の役員給与損金不算入制度の改正，③再チャレンジ支援寄附金税制の創設，④電子申告の取得税額の特別控除の創設，⑤上場株式等の配当軽減課税等

の期限延長,⑥株式譲渡益課税の軽減税率の延長,⑦エンジェル税制の改正・延長,そして⑧組織再編税制の三角合併税制の改正等が行われた。この平成19年度税制改正の特徴としては,景気回復の持続を前提として法人税の税額を中心とした改正となっている点が挙げられる。例えば,本改正により,平成19年度4月1日以後に取得する減価償却資産は,定額法および定率法のいずれの償却方法を採用しても取得価額の95％相当額に相当する償却可能限度額および残存価額が撤廃されて1円の備忘価額を残し全額償却できることになった。そして,従来の定率法の償却率は廃止され,定額法の償却率を2.5倍したものに変更された。また,平成18年度税制改正において創設された特殊支配同族会社の役員給与損金不算入制度は,平成19年4月1日以降に開始する事業年度から適用除外基準である基準所得金額が,800万円から1,600万円に引き上げられた。また,平成19（2007）年1月1日から平成20（2008）年12月31日までに,推定相続人の一人（受贈者）が,非公開株式の受贈を受ける場合には,60歳以上の親からについても相続時精算課税制度の摘用を容認し,2,500万円の非課税粋を3,000万円に拡大する等の措置が講じられた。
(2) 現行税制では,事業承継者の納税の円滑化を目的として,一定の要件を充たした特定の事業用地において相続税の評価額から80％減額できるのに対して,同族会社の非公開株式の減額割合は10％にしかすぎない。そのため,自民党は,同族会社の非公開株式においても80％以上の減額措置を設けることを検討している。
(3) 富岡幸雄『事業推進型承継税制への転換─事業承継税制の推移と改革構想─』ぎょうせい,2001年,に詳しい。
(4) M&A研究会サロン編著「わが国企業のM&A活動の円滑な展開にむけて─M&A研究会報告─」〈資料2　M&A研究会の議論より〉内閣府経済社会総合研究所,2004年,110ページ。
(5) 髙沢修一「中小企業の事業承継と後継者の育成ポイント」『税理』2007年5月号,146-152ページに詳しい。
(6) 事業承継協議会事業承継関連会社法制等検討委員会編著「事業承継関連会社法制等検討委員会中間報告」2006年6月,28ページ。
(7) 国税庁は,平成15（2003）年7月4日付「資産評価企画官情報第一号『財産評価基本通達の一部改正について』通達のあらましについて（情報）」において同見解を公表している。
(8) 高橋義雄『非公開株式　鑑定・評価の実務─キャッシュフロー法による鑑定・評価実務を中心に─』清文社,2000年,238・249-250ページ。
(9) レックス・ホールディングス経営陣は,投資ファンドと共同でMBOを実施した。これに対して,一部の個人株主は,東京地裁に「公正ナル価格」の申し立てを行ったが,東京地裁の決定価格が約26万7千円を上回らない場合には,株主にとって,TOBに応じるよりも不利な結果が生じることになる。

(本章は,「株式非公開化に伴う種類株式の評価と課税」『會計』2007年10月号を改訂したものである。)

補足資料① 所得税の計算方法

　所得税は，個人事業主あるいは給与所得者に対して課税される。個人事業主は，1月1日から12月31日までを一会計期間として決算を実施し，算定した所得金額に対して所得税が課税され確定申告により納付する。
　また，給与所得者は，給与等から一定額が源泉徴収され，過大・過少の税額差異を年末調整により調整する。

〈期首〉×1年1／1	〈期末〉×1年12／31	×2年2／16	×2年3／15
会計期間		確定申告期間	

　所得税は，以下の4つの計算過程を経て算出される。

(イ)．所得を10種類に区分して「各種所得」の金額を計算する。
(ロ)．各種所得を総合課税されるグループと分離課税されるグループとに区分して（イ）で算出した各種所得金額を合計し，損益通算（黒字の所得と赤字の所得を相殺する）と繰越損失（残存したマイナス金額は翌年以降に繰越すことができる）を行い「課税標準」を算定する。
(ハ)．(ロ)で算定した課税標準から所得控除を差し引いて「課税所得金額」を算定する。
(ニ)．(ハ)で算定した課税所得金額に税率を乗じ，税額控除があればこれを控除して「納付税額」を確定する。

$$\text{所得税額} = \text{課税所得金額} \times \text{税率} - \text{所得控除額}$$

課税方式と所得の種類

総合課税される所得			分離課税される所得	
利子所得　配当所得　不動産所得			土地等・建物の譲渡所得	山林所得
事業所得　給与所得　譲渡所得			株式等に係る譲渡所得	退職所得
一時所得　雑所得				

所得の区分と税率

収入金額		
所得金額		必要経費
課税所得金額	所得控除額	

所得税額速算表

課税所得金額		税率	控除額
超	以下		
0万円	330万円	10%	0万円
330万円	900万円	20%	33万円
900万円	1,800万円	30%	123万円
1,800万円	―	37%	249万円

（出所）髙沢修一『会計学総論』森山書店，2003年，18-19ページ，『流通の経営と税務』白桃書房，2004年，110-111ページから一部抜粋引用。

補足資料② 法人税の計算方法

　法人税は，確定決算主義により算出した当期利益を〈法人税確定申告書別表四〉を用いて，収益と益金および費用と損金との差異を調整して申告する。わが国の企業は，以下のように3月決算を採用しているケースが多い。

《例》3月決算のケース

〈期首〉×1年4／1　〈期末〉×2年3／31　　　×2年5／31　　　　　　　　　　　　　×2年6／30

| 会計期間 | 申告および納付期間 | 監査法人の監査を受ける等の理由がある場合には，1ヶ月間の申告の延長の特例を受けられる。 |

法人税の計算の流れ

　所得金額×税率＝税額
　税額＋(留保金課税・土地重課)－税額控除＝納付法人税額－中間納付額＝納付税額

法人税の税率〔普通法人〕

資本金等	所得金額	税率（％）
1億円以下	年800万円以下の部分	22％
	年800万円　超の部分	30％
1億円　超	―	

損益計算書と法人税申告書別表四の関係

損益計算書		法人税確定申告書別表四	
経常損益の部		当期利益	
営業損益の部		加算	益金算入項目 (収益ではないが益金となるもの) ・法人税額から控除する子会社の外国税額の益金算入
売上高	×××		
売上原価	×××		
売上総利益	×××		損金不算入項目 (費用ではあるが損金とはならないもの) ・過大な役員報酬の損金不算入 ・役員賞与等の損金不算入 ・交際費等の損金不算入 ・寄付金の損金不算入 ・法人税額等の損金不算入
販売費及び一般管理費	×××		
営業利益	×××		
営業外損益の部			
営業外収益	×××		
営業外費用	×××		
経常利益	×××		
特別損益の部		減算	益金不算入項目 (収益ではあるが益金とはならないもの) ・受取配当金等の益金不算入 ・法人税等の還付金
特別利益	×××		
特別損失	×××		
税引前当期利益	×××		損金算入項目 (費用ではないが損金となるもの) ・繰越欠損金の損金算入
法人税及び住民税	×××		
当期利益	×××		
前期繰越利益	×××		
当期末処分利益	×××	所得金額	

《例》交際費等の損金不算入額

期末資本（出資）金額	損金不算入額	
1億円　超	支出金額×100％	
1億円以下	年400万円以下の部分	支出金額× 10％
	年400万円超　の部分	支出金額×100％

　　　（注）1人あたり5,000円以下の一定の飲食費は支出金額のなかに含まれない。

（出所）髙沢修一『会計学総論』森山書店，2003年，22-23ページ，『流通の経営と税務』白桃書房，2004年，117-119ページから一部抜粋引用。

補足資料③　相続税の計算方法

相続は，被相続人の死亡（自然死亡又は失踪宣告）よって死亡した人の住所地において開始する。相続人は，10ヶ月以内に単純承認（被相続人の残した債権債務を無制限に承継すること），限定承認（被相続人の残した債務を相続によって承継した財産の範囲において弁済すること認めて承継すること），放棄（被相続人の残した全ての債権債務の承継を拒否すること）を選択しなければならない。相続人は，配偶者相続人と血族相続人に区分され，さらに，血族相続人には第1順位から第3順位までの優先順位があり，法定相続分が民法により定められている。

相続税の法定相続分

法定順位	法定相続人	法定相続分の内訳		備考
		法定相続分		
第1順位	配偶者・子	配偶者 1/2	子 1/2	第1順位から第3順位まで順次継承される。
第2順位	配偶者・直系尊属	配偶者 2/3	直系尊属 1/3	
第3順位	配偶者・兄弟姉妹	配偶者 3/4	兄弟姉妹 1/4	

相続税は，以下の手順を経て計算される。ただし，相続税においては，延納および物納が認められている。

(イ) 相続財産を評価通達を用いて相続税評価額を算定する。
(ロ) 相続税評価額にもとづいて「各相続人の課税価格」を算定する。

> 各相続人の課税価格の算定＝相続又は遺贈により取得した財産の価額＋みなし相続財産又は遺贈により取得した財産の価額－非課税財産の価額－債務及び葬式費用の額＋被相続人からの3年以内の贈与財産の価額（1,000 未満切り捨て）

(ハ) 「課税遺産総額」を算定する。

> 課税遺産総額＝各相続人の課税価格の合計額－基礎控除 {5,000万円＋(1,000万円×法定相続人の数)}
> （注）養子の数は，実子がいる場合には1人，実子いない場合には2人まで法定相続人に加算できる。

(ニ) 「相続税の総額」を算定する。

> 各相続人の法定相続分による相続税額＝(課税遺産総額×各相続人の法定相続分)×税率－速算表控除額
> 相続税の総額＝各相続人の法定相続分による相続税額の合計額

(ホ) 「各相続人が納付する相続税額」を算定する。

> 各相続人が納付する相続税額＝相続税の総額×(各相続人の課税価格÷課税価格の合計額)
> ・税額の2割加算を行なう。　・配偶者の税額軽減を行なう。　・贈与税額控除を行なう。
> ・未成年者控除を行なう。　・障害者控除を行なう　・外国で支払った税額の控除を行なう。

相続税の税額

相続税の速算表

法定相続分に応ずる取引金額		税率 (%)	控除額 (万円)
超	以下		
0万円	1,000万円	10%	0
1,000万円	3,000万円	15%	50
3,000万円	5,000万円	20%	200
5,000万円	10,000万円	30%	700
10,000万円	30,000万円	40%	1,700
30,000万円	―	50%	4,700

なお，贈与税は，相続税よりも高い超過累進税率が設定されている。この贈与税において物納は認められていない。

贈与税額の計算手順

> 贈与税の納付税額＝(課税価格－基礎控除額110万円)×税率－控除額

(出所) 高沢修一『流通の経営と税務』白桃書房，2004年，124-127ページから一部抜粋引用。

補足資料④　消費税の計算方法

消費税は，原則的に物品およびサービスを提供する課税業者に対して課税される。
消費税には免税業者が存在し，課税売上高の金額が一定額以下であれば課税されない。
例えば，売上金額が10億円で仕入金額が9億円の場合には，以下のように計算される。

《例》消費税の計算の仕組み

生産者・卸売業者	5%支払い ← 仕入	小売業者	5%預り → 物品・サービスの提供	消費者

売上金額 10 億円 × 5% － 仕入金額 9 億円 × 5% ＝ 消費税納付額（500 万円）

　消費税は，原則的に本則課税が適用されるが，非公開会社の納税義務の手続きの負担軽減を目的として，基準期間における課税売上高が5,000万円万円以下の事業者が簡易課税選択届出書を提出した場合には，簡易課税制度を採用することが認められている。

本則課税の計算方法

消費税納付税額＝売上にかかる消費税額－仕入にかかる消費税額

簡易課税の計算方法

消費税納付税額＝売上にかかる消費税額－控除税額（売上にかかる消費税額×みなし仕入率）

事業者	事業内容	みなし仕入率
第一種事業	卸売業	90%
第二種事業	小売業	80%
第三種事業	農業・林業・漁業・建設業・製造業等	70%
第四種事業	第一種・第二種・第三種及び第五種事業以外の事業	60%
第五種事業	飲食業を除くサービス業，不動産業，運輸・建設業	50%

　平成16年4月1日以後に開始する課税期間から消費税の課税売上高の基準は3,000万円から1,000万円に引き下げられた。課税業者か免税業者かの判定は，資本金および出資金1,000万円以上の新設法人の場合には創業1年目から消費税の課税対象となるが，事業者がそれ以外の場合には，前々期の課税売上高により決定される。

基準期間の売上金額により課税が決定するケース

Ⅰ期（前々期）	Ⅱ期（前期）	Ⅲ期（当期）
基準期間に 1,000 万円超の売上金額が発生した		課税業者として判定され，消費税の納税義務が発生する。

資本金および出資額1,000万円以上の新設法人のケース

Ⅰ期（前々期）	Ⅱ期（前期）	Ⅲ期（当期）
Ⅰ期目から消費税の納税義務が発生する。		

（出所）髙沢修一『会計学総論』森山書店，2003年，24-26ページ，『流通の経営と税務』白桃書房，2004年，121-123ページから一部抜粋引用。

補足資料⑤ 取引態様に応じた株式の評価方法

株式は，公開会社の株式（気配相場のある株式を含む）と非公開株式とに大別される。そのため，株式は，公開会社および非公開会社の取引態様に応じて評価される。

公開会社の株式は，以下のように評価される。

株式の種類	株式の評価方法
上場会社の株式	株式は，取引価格で評価される。
登録銘柄の株式	
店頭管理銘柄の株式	
公開途上にある会社の株式	株式は，公開価格で評価される。
国税局長が指定した株式	株式は，取引価格と類似業種比準価額との平均額で評価される。

非公開株式は，評価対象会社の（イ）株主の区分判定，（ロ）会社規模の区分判定，（ハ）特定会社等の区分判定の手順により評価される。

第一に，評価対象会社の株主は，（イ）株主の区分判定により，「同族株主等」あるいは「同族株主等以外株主」の二者に区分される。
評価対象会社の発行済株式数のうち，株主1人とその同族関係者の持株割合が50％以上であれば，50％以上のグループに属する株主が「同族株主等」に該当し，その他の株主は「同族株主等以外の株主」に該当する。
また，持株割合が50％以上の株主が存在しない場合であっても，評価対象会社の発行済株式数のうち，株主1人とその同族関係者の持株割合が30％以上であれば，30％以上のグループが「同族株主等」に該当し，その他の株主は，「同族株主等以外の株主」に該当する。
同族株主等は，原則的評価方式（類似業種比準方式・純資産価額方式・折衷方式）で評価され，同族株主等以外の株主は，特例的評価方式（配当還元方式）により評価される。

第二に，非公開株式は，「会社規模」により判定される。
評価対象会社は，（ロ）会社規模の区分判定により，「大会社」，「中会社」および「小会社」に区分して評価される。
会社規模の区分判定は，評価対象会社の直前期末以前1年間における従業員数，直前期末における従業員数を加味した帳簿価格によって計算した総資産価額，直前期末以前1年間における取引金額という3要素を用いて評価される。

大会社は，類似業種比準価額と純資産価額との選択適用となり，中会社および小会社は，以下のようなLの割合（折衷割合）により評価される。

会社の規模		株式の評価方法
大会社		類似業種比準価額と純資産価額との二価額からいずれかの価額を選択して評価する。
中会社	大	類似業種比準価額の90％評価額と純資産価額の10％評価額との合算により評価する。
	中	類似業種比準価額の75％評価額と純資産価額の25％評価額との合算により評価する。
	小	類似業種比準価額の60％評価額と純資産価額の40％評価額との合算により評価する。
小会社		類似業種比準価額の50％評価額と純資産価額の50％評価額との合算により評価する。

第三に，非公開株式は，「特定会社等」により判定される。
特定会社等とは，比準要素数1の会社の株式（類似業種比準方式における配当金額，利益金額および簿価純資産価額のそれぞれの金額のうち，いずれか二つがゼロであり，かつ直前々期末基準によるそれぞれの金額のうち，いずれかの二つ以上がゼロである評価対象会社の株式），株式保有特定会社の株式（総資産に占める株式保有割合が一定割合以上の会社の株式），土地保有特定会社の株式（総資産に占める土地保有割合が一定割合以上の会社の株式），開業後3年未満の会社等の株式，株式開業前または休業中の会社の株式および清算中の会社の株式のことをいう。
特定会社等は，純資産価額方式で評価される。

参 考 文 献

American Accounting Association (AAA), *Statement on Accounting Theory and Theory Acceptance*. Committee on Concepts and Standards for External Financial Reports, 1977. 染谷恭次郎訳『会計理論及び理論承認』国元書房, 1980年。

American Institute of Certified Public Accountants (AICPA), Opinions of Accouting Principles Board No.11, *Accouting for Income Taxes*, December 1967. 日本公認会計士協会国際委員会訳『アメリカの会計原則― AICPA 会計原則審議会意見書―』大蔵財務協会, 1978年。

American Institute of Certified Public Accountants (AICPA), Basic Concept and Accounting Principles Underlying Financial Statements of Business Enterprises, Statements of the Accounting Principles Board No. 4, 1970. 川口順一訳『企業会計原則』同文舘出版, 1973年。

秋元照夫「農地課税及び農地評価の問題点」北野弘久・小池幸造・三木義一編著『争相続税法〔補訂版〕』勁草書房, 1996年

天笠美知夫『システム構成論 - Fuzzy 理論を基礎として-』森山書店, 1986年

あさひ法律事務所編著『平成13年商法改正 金庫株解禁と自己株式の取得・保有・処分』中央経済社, 2001年

朝日監査法人『新株式制度と会計・税務』清文社, 2002年

Baker, P. George, and Smith, George David, *The New Financial Capitalists-Kohlberg kravis Roberts and the Creation of Corporate Value*, Cambridge University Press, 1998. 岩村 充監訳『レバレッジド・バイアウト』東洋経済新報社, 2000年

Brealey, Richard A. and Myers, Stewart C., *Principal of Corporate Finance*, 6 Ed, McGraw-Hill Company, Inc., 2002. 藤井真理子・国枝繁樹監訳『コーポレート・ファイナンス [第6版下巻]』日経BP社, 2002年

Bronfenbrenner, M. and K.Kogiku, The Aftermath of the ShoupTax Reforms: Part1, *National Tax Journal*, Vol. X. No. 3, September, 1957.

Chandler, A.D. Jr, *The Managerial Revolution in American Business*, Harvard University Press, 1977.

Cole, A.H. *Business Enterprise in itu Social Setting*, Harvard University Press, 1959.

出縄良人監修・ディー・ブレイン証券株式会社編著『グリーンシート株式公開実務マニュアル』中央経済社，2005年

Doernberg Richard L. *International Taxation*, third Edition, West Publishing Company. Registered in the U.S. 1996. 川端康之監訳『アメリカ国際租税法（第3版）』清文社，2001年。

Financial Aocoumting Standards Board (FASB), *An Analysis of Issues Related to Conceptual Framework for Financial Statements and Their Measurement*, FASB Discussion Memorandum, FASB, December2, 1976. 津守常弘監訳『FASB 財務会計の概念フレームワーク』中央経済社，1997年。

FASB, Statement of Financial Accounting Standards No.71, *Accouting for the Effects of Certain Types of Regulation*, December 1982.

FASB, Statement of Financial Accounting Standards No.96, *Accouting for Income Taxes*, December 1987.

FASB, Statement of Financial Accounting Concept No.1 No.2, No.3 No.4, No.5, No.6, No.7, 平松一夫・広瀬義州共訳『FASB，財務会計の諸概念（増補版）』中央経済社，2002年

Hall, Arthur D. *A Methodology for System Engineering* D.Van Nostrand Company, Inc. U.S.A. 1962.

濱本英輔「平成4年度の国税改正の概要について」『租税研究』1992年4月

花岡正夫『人的資源管理論』白桃書房，2001年

Henry Rand Hatfield, *Modern Accounting, its principles and some of its problems*, D. appleton and company, 1909. 松尾憲橘訳『近代会計学―原理とその問題―』雄松堂書店，1971年。

平野　武・齊藤　稔共著『宗教法人の法律と会計』晃洋書房，2001年

藤崎幸子『新訂農家の相続税』農山漁村文化協会，1994年

藤田良一『相続税・贈与税・地価税　財産評価の実務〔改訂版〕』（中央経済社，1993年）

井出健二郎『最新病医院会計のすべて』日本医療企画，2004年

市川　深『相続税贈与税判例コンメンタール〔改訂版〕』税務経理協会，1997年

石　弘光『税制スケッチ帳』時事通信出版局，2005年

石村耕治『アメリカ連邦税財政法の構造』法律文化社，1995年

石村耕治編著『宗教法人法制と税制のあり方―信教の自由と法人運営の透明性の確立―』法律文化社，2006年

神野直彦「シャウプ勧告の相続税・贈与税」日本租税研究協会編著『シャウプ勧告とわが国の税制』日本租税研究協会，1983年

Littleton, A. C., *Accounting evolution to 1900*, New York :Russell & Russell. 片野一郎訳，『会計発達史〔増補版〕』同文舘出版，1978年．

金児　昭監修・長岡和範『アメリカの連邦税入門』税務経理協会，2002年

金子　宏「シャウプ勧告と所得税」日本租税研究協会編著『シュウプ勧告とわが国の税制』日本租税研究協会，1983年

金子　宏『租税法〔第10版〕』弘文堂，2005年

粕谷晴江「株式及び出資の評価，現行評価の問題点と改革の方向」北野弘久・小池幸造・三木義一編著『争相続税法〔補訂版〕』勁草書房，1996年

粕谷幸男「公益法人等への遺贈等をめぐる非課税制度」・「借地権（定期）の評価」北野弘久・小池幸造・三木義一編著『争相続税法〔補訂版〕』勁草書房，1996年

監査法人トーマツ編著『株式上場ハンドブック（第2版）』中央経済社，2005年

経済産業省中小企業庁・事業承継・第二創業研究会編著『事業体の継続・発展のために・中間報告』2001年

北野弘久『税法学の実践論的展開』勁草書房，1993年

北野弘久『現代企業税法論』岩波書店，1994年

北野弘久『税法学原論〔第五版〕』青林書院，2003年

北野弘久『税法問題事例研究』勁草書房，2005年

北野弘久・小池幸造・三木義一編著『争相続税法〔補訂版〕』勁草書房，1996年

熊谷安弘『株式の評価（第4版）』中央経済社，2003年

黒川　功「消費税仕入税額控除否認の法的限界―法30条7項の解釈に見る税法学説の性格と問題」北野弘久先生古希記念論文集刊行会編著『納税者権理論の展開』勁草書房，2001年

小池正明『非上場株式の評価と事業承継対策〔第3版〕』中央経済社，2001年

小池正明「相続税制の再検討―現行相続税制の実務上の問題点」日本租税理論学会編著『相続税制の再検討』法律文化社，2003年

神戸大学会計学研究室編著『第六版　会計学大辞典』同文舘出版，2007年

小山泰宏『M&A・投資のためのDCF企業評価』中央経済社，2000年

M＆A研究会サロン編著「わが国企業のM＆A研究活動の円滑な展開にむけて―M＆A研究会報告―」内閣府経済社会総合研究所，2004年

緑川正博『非公開株式の評価―商法・税法における理論と実務―』ぎょうせい，2004年

右山昌一郎『事業承継対策』中央経済社，1996年

三木義一『現代税法と人権』頸草書房，1992年

三木義一『日本の税金』岩波新書，岩波書店，2003年

三木義一『相続・贈与と税の判例総合解説』信山社，2005年

水野忠恒『租税法〔第2版〕』有斐閣，2005年

茂木虎雄『近代会計成立史論』未來社，1988年

森信茂樹『日本の税制　グローバル時代の「公平」と「活力」』PHP新書，2001年

森田哲彌・岡本　清・中村　忠編集代表，『会計学大辞典【第四版増補版】』（中央経済社，2001年）

中川善之助・泉　久雄共著『法律学全書24　相続法〔第四版〕』有斐閣，2000年

成田一正著・東京商工会議所編『新会社法対応！事業承継のすすめ方2006』東京商工会議所産業政策部，2006年

西村勝信・井上直樹・牟田誠一郎・平畠秀典・阿部清共著『金融先端用語辞典第2版』日経BP社，2003年

大淵博義「事業承継税制に関する意見—非上場株式等の評価を中心として—」経済産業省中小企業庁・事業承継・第二創業研究会編著『事業体の継続・発展のために・中間報告』【附属資料39】2001年

大淵利男・上杉栄市・大淵三洋共著『〔改訂版〕租税の基本原理とアメリカ租税論の展開』評論社，1992年

大河内暁男『経営構想力—企業者活動の史的研究』東京大学出版会，1993年

折橋靖介『経営学要論』白桃書房，2003年

長　隆『Q&A医療法人の経営と税務（第3版）』中央経済社，2003年

長　隆・坂田　茂共著『Q&A特定医療法人のすべて（第2版）』中央経済社，2003年

Paton W. A. & A. C. Littleton, *An Introduction to Corporate Accounting Standards*, AAA, 1940. 中島省吾訳『会社会計基準序説（改訂版）』森山書店，1958年。

齋藤力夫『宗教法人会計の理論と実務』中央経済社，1999年

齋藤力夫・若林孝三監修，宗教法人会計研究会編著『宗教法人会計の基本と税務』税務経理協会，1998年

佐々木　聡編著『日本の戦後企業家史：反骨の系譜』有斐閣，2001年

品川芳宣「措置法69条の4の廃止と評価通達の関係」『税理』1996年5月号

品川芳宣監修・前田忠章・大森正嘉編集『財産評価基本通達の疑問点』ぎょうせい，2002年

品川芳宣・緑川正博共著『徹底解明／相続税財産評価の理論と実践』ぎょうせい，2005 年
宗教法人会計研究会編著『宗教法人会計の基本と税務』税務経理協会，1998 年
Smith, Adam, *An Inquiry into the Nature and Causes of the Wealth of Nations*, 1776, (Reprint).大内兵衛・松川七郎共訳『諸国民の富（Ⅱ）』岩波書店，1969 年。
杉山幹夫・石井孝宜共著『新版　医療法人の会計と税務』同文舘出版，2005 年
鈴木一道『イギリス管理会計の発展』森山書店，2001 年
Shoup, C.S. by Shoup Mission *Report On Japanese Taxation*, General Headquarters Supreme Commander For The Allied Powers Tokyo, Japan September, 1949.
Tax Relief 2001, *A Summary of Selected Provisions of the Economic Growth and Tax Relief Reconciliation Act of 2001*, The National Underwriter Co., 2001.
Shumpeter, J.A. *The Theory of Economic Development*, Oxford University Press, 1961.
塩野谷裕一・中山伊知郎・東畑精一共訳『経済発展の理論』岩波文庫，1977 年。
高橋義雄『非公開株式　鑑定・評価の実務　―キャッシュフロー法による鑑定・評価実務を中心に―』清文社，2000 年
武田昌輔『武田昌輔税務会計論文集』森山書店，2001 年
高野幸大「相続税の存在意義等の法的検討」日本租税理論学会編著『相続税制の検討』租税理論研究叢書 13, 法律文化社，2003 年
髙沢修一「事業承継に関する税務会計上の一考察　―医療法人の事例を中心として―」『大東文化大学経研論集』第 20 号
髙沢修一「非上場会社株式の評価に関する会計的考察」『杏林大学研究報告』第 21 巻
髙沢修一「宗教法人の資産評価と課税システム」『大東文化大学経研論集』第 21 号
髙沢修一「事業承継における不動産評価に関する会計的考察」『杏林大学研究報告』第 22 巻
髙沢修一「非上場会社の資産評価に関する一考察　～財産税務会計からのアプローチ～」『會計』2005 年 12 月号
髙沢修一『会計学総論』森山書店，2003 年
髙沢修一「事業承継税制の展開と問題点の検討」『大東文化大学経研論集』第 22 号
髙沢修一「事業承継における金庫株評価に関する会計的考察」『杏林大学研究報告』第 23 巻
髙沢修一「非上場会社株式の同族外への移動と評価のポイント」ぎょうせい『税理』2006 年 7 月号

髙沢修一「農業相続人の納税猶予に関する一考察」『杏林大学研究報告』第 24 巻

髙沢修一「中小企業の事業承継と後継者育成のポイント」『税理』2007 年 5 月号

髙沢修一「株式非公開化に伴う種類株式の評価と課税―全部取得条項付種類株式を中心として―」『會計』2007 年 10 月号

髙沢修一「課税システムの再検討―限定財産税導入への会計的アプローチ」日本租税理論学会編『消費税増税なしでの財政健全化』租税理論研究叢書 17，法律文化社，2007 年

田辺安夫「医療法人と相続税　相続税法 66 条 4 項の意義」『租税判例百選（第三版）』別冊ジュリスト 120 号

田中　治「相続税制の再検討―相続財産の評価をめぐる法的諸問題」日本租税理論学会編『相続税制の再検討』租税理論研究叢書 13，法律文化社，2003 年

田中義幸・繁田勝男・神山敏夫共著『新会計指針による宗教法人会計のすべて―「宗教法人会計の指針」の逐条解説＆会計実務―』税務経理協会，2001 年

垂井英夫『自己株式取引と課税』財経詳報社，2004 年

垂井英夫「配当還元価額による譲渡と『通達によらない評価』の可否―東京地裁平成 17 年 10 月 12 日判決を素材にして―」『税理』2006 年 3 月号

臼井宏三郎『宗教法人の会計と税実務 Q & A』清文社，2002 年

東京医科歯科大学大学院・川渕孝一研究室編著『病院機能再編　経営戦略マニュアル』日本医療企画，2003 年

富岡幸雄『事業推進型承継税制への転換―事業承継税制の推移と改革構想―』ぎょうせい，2001 年

富岡幸雄『税務会計学原理　中央大学学術図書（56）』中央大学出版部，2003 年

常秋美作「農業生産法人の会計問題」松田藤四郎・稲本志良編著『農業会計の新展開』農林統計協会，2000 年

内田昌利・鈴木一道共著『管理会計論』森山書店，1985 年

柳裕治『税法会計制度の研究』森山書店，2001 年

山崎雅教「日本におけるコーポレート・ガバナンスと役員報酬開示―商法改正中間試案を中心として―」『経営論集』2002 年第 3 号

安岡重明『財閥経営の歴史的研究―所有と経営の国際比較―』岩波書店，1998 年

ヨハネス・ヒルシュマィヤー・由井常彦共著『日本の経営発展』東洋経済新報社，1977 年

索　引

あ行

充て職制 …………………………………87, 109
医療法 …………………………………………96
医療法人 …95, 96, 97, 99, 100, 102, 103, 105, 129

M&A (merger & acquisition) …63, 76, 77, 120, 136
MBO (management buyout) ……23, 121, 136
LBO (Leveraged buyout) …63, 64, 65, 73

か行

確定決算主義 ………………………………12
株式公開 ………………………………65, 66
貸宅地 ………………………………………69
株式保有特定会社 …………………………30
貸家建付地 …………………………………70

期間損益計算概念 ………………………15, 16
企業家 ……………………………………118
企業家精神 ………………………………119

グリーンシート制度 ………………………66

経済産業省中小企業庁・事業承継・第二創業研究会 ………………1, 115, 116
現在価値法 …………………………………62

限定財産税 …………………17, 18, 19, 20, 131

公益説 ………………………………………92
公益法人等 ………………………………100
公正ナル価値 ……………………………140
国税三法 ……………………………………14
固定資産税 …………………………………34

さ行

財産税 …………………………………………8
財産税務会計 ……………8, 9, 15, 18, 38, 130
財産目録 ……………………………89, 90, 91

市街地農地 …………………………………84
市街地周辺農地 ……………………………84
事業受託方式 …………………………70, 79
事業承継 ……1, 2, 3, 21, 36, 82, 88, 104, 117, 118, 120, 121, 128, 132, 136, 142
事業承継関連法制等研究会 ………………116
事業承継関連法制等研究会中間報告 …116
事業承継協議会中間報告 ………………137
事業承継者 ………………………52, 53, 118
事業承継税制 …26, 36, 37, 38, 39, 40, 42, 44, 82, 127, 128, 129
事業承継問題検討小委員会 ……………135
自己株式（金庫株） …………51, 52, 54, 57
自己建設方式 …………………………70, 79
シャウプ (C. S. Shoup) …………………5, 9, 43
シャウプ勧告 ……5, 9, 22, 23, 43, 81, 104

社会医療法人 …………………103, 104
収益還元方式………………………54
従業員持株会………………………61
受益者連続型信託…………………79
出資持分……………………………97
純農地………………………………84
宗教法人 ……………90, 92, 94, 95, 105
宗教法人会計の指針 ……………90, 91
宗教法人法 ………………………89, 90
宗教法人令…………………………88
修正現在価値法……………………63
収得税 ………………………………8
種類株式 …………………136, 137, 138
純資産価額方式……………12, 13, 54
生涯損益計算概念 ……………15, 16
少数株主の権利…………………139
小規模宅地等特例制度 …10, 11, 34, 35, 36, 39, 67, 68
消費税 ……………………………8, 148
正味財産増減計算書………………91
所得税 ……………………………145
所得税務会計 …………………8, 9, 18
信託銀行……………………………72
人的承継 ……………2, 7, 115, 132, 133
信託法………………………………79

税務会計 ………………8, 18, 21, 129
全部取得条項付種類株式 ………139, 143

相続時精算課税制度 ……………144
相続税 ………………18, 82, 98, 130, 147
相続税納税猶予制度 ……………85, 86
贈与税納税猶予制度………………85
租税公平主義………………………22
租税法律主義……………………22, 99

租税要件明確主義 ………………98, 99

た行

退職給与引当金……………………15
第二創業 …………119, 120, 121, 123, 132

中間農地……………………………84

TOB（take over bid）…………65, 141, 143
定期借地権………………………70, 78, 79
適格非営利法人（qualified nonprofit corporations）……………………93, 94
DCF法（discounted cash flow）……62, 63, 76, 140
等価交換方式 …………………70, 79
特定医療法人……………………100, 112
土地信託方式……………………71, 72
土地保有特定会社…………………30

な行

内国歳入法典（Internal Revenue Code）…93
内部利益率法………………………63

農業承継者…………………………83
農業相続人 ……………83, 86, 87, 129
農業法人……………………………83

は行

配当還元方式……………………54, 61
非公開株式（取引相場のない株式）……10, 11, 27, 28, 29, 30, 31, 52, 53, 58, 144
病院会計準則……………………101, 102

索　引　*159*

普通税 …………………………………8
普通借地権 ……………………………68, 78
物的承継 ………………………………2, 7
物納 ………………………52, 53, 57, 58, 59

併用方式……………………………………55

法人税 …………………………………146

ら行

留保金課税制度 ……………………………56, 57

類似業種比準方式 ……………32, 54, 56, 57

連邦遺産税 ……………………………41, 42
連邦所得税………………………………93
連邦贈与税 ……………………………41, 42

著者紹介

髙 沢 修 一（たかさわ しゅういち）
大東文化大学経営学部専任講師
博士（経営学・大東文化大学）
フェリス女学院大学国際交流学部講師（非常勤）
河北大学（中華人民共和国）客座教授
税理士（東京税理士会）

主要著作
『会計学総論［第2版］』森山書店，2006年
「非上場会社の資産評価に関する一考察 ―財産税務会計からのアプローチ―」『會計』2005年12月号
「株式非公開化に伴う種類株式の評価と課税 ―全部取得条項付種類株式を中心として―」『會計』2007年10月号
「課税システムの再検討 ―限定財産税導入への会計的アプローチ―」日本租税理論学会編『消費税増税なしでの財政健全化』租税理論研究叢書17, 法律文化社, 2007年
など

所属学会
日本会計研究学会，日本租税理論学会（理事），税務会計研究学会，日本ビジネス・マネジメント学会，戦略研究学会

事業承継の会計と税務

2008年2月20日　初版第1刷発行
2009年4月30日　初版第2刷発行

著者 Ⓒ 髙沢修一
発行者　菅田直文

発行所　有限会社 森山書店　東京都千代田区神田錦町1-10林ビル（〒101-0054）
TEL 03-3293-7061 FAX 03-3293-7063　振替口座00180-9-32919

落丁・乱丁本はお取りかえ致します　　印刷／製本・シナノ書籍印刷
本書の内容の一部あるいは全部を無断で複写複製することは，著作権および出版社の権利の侵害となりますので，その場合は予め小社あて許諾を求めてください。

ISBN 978-4-8394-2057-4